中国农业品牌
发展报告（2021）

农业农村部市场与信息化司
中国农业大学 主编

China Agricultural Brand
Development Report
（2021）

中国农业出版社
北京

执笔人（按姓氏笔画排序）

万莹莹	王旭东	韦斌华	左臣明	白　玲	伍明英
刘乃郗	刘月娇	刘学敏	刘艳涛	刘福江	孙　钊
孙任洁	李　倩	李秋瑾	陈英化	杨卫平	吴　芳
何　霞	沈　辰	沈国际	张　国	张　益	张丙鹏
陆　娟	范宝洪	郑小平	赵　霞	铁　丁	徐秀线
高　颖	韩　啸	韩一军	雷刘功	滕怀渊	

技术支持

中国农业大学国家农业市场研究中心

中国农业大学中国农业品牌研究中心

农业农村部农产品质量安全中心

中国农村杂志社

农民日报社

中国农产品市场协会

中国优质农产品开发服务协会

中国水产与流通加工协会

中国畜牧业协会

2020年是极不平凡的一年。面对突如其来的新冠肺炎疫情，党中央、国务院及时决策部署，统筹推进疫情防控和经济社会发展。我国在全球主要经济体中唯一实现了经济正增长，脱贫攻坚取得全面胜利，决胜全面建成小康社会取得决定性成就。农业农村领域重点工作如期推进，重要农产品供给数量、种类和品质保障有力。2021年中央1号文件强调"深入推进农业结构调整，推动品种培优、品质提升、品牌打造和标准化生产"。在"双循环"新发展格局下，深入实施品牌强农战略，对全面推进乡村振兴、加快农业农村现代化具有重要意义。

为更好地展现2020年以来我国农业品牌建设成果，交流建设经验，研讨重点难点问题，《中国农业品牌发展报告(2021)》阐述了新发展阶段农业品牌建设的重要意义，梳理了主要做法、发展成效和存在问题，分析了农业品牌数字消费的基本特点，展望了发展趋势。本年度报告增设"分论"专题，集纳河北、山东、江苏、广东、广西、云南、甘肃和宁夏等8个省（区）农业品牌建设经验和做法，供参考借鉴；增设"专论"专题，摘编专家学者关于农业品牌建设的思考和实践，为我国"十四五"时期农业品牌建设提供智力支持。

本报告由农业农村部市场与信息化司和中国农业大学共同组织编写，农业农村部领导、部内相关司局、各级农业农村部门、行业协会、专业机构和有关专家给予了大力支持和帮助。谨向所有关心本报告出版的各界人士表示衷心感谢！

编辑委员会

2021 年 5 月

目 录

序言

总 论 ………………………………………… 1

新发展阶段农业品牌建设的重要意义 ……………… 3

农业品牌建设主要做法和成效 ……………………… 5

农业品牌数字消费分析与解读 ……………………… 13

农业品牌建设存在的主要问题 ……………………… 21

农业品牌发展趋势展望 ……………………………… 24

分 论 ………………………………………… 27

河北：借鉴工业设计理念 创新农业品牌建设 ………… 29

山东：坚持创新引领 推动齐鲁农业品牌蝶变升级 …… 33

江苏：创新品牌赋能机制 推动品牌科学发展 ………… 38

广东：推动"12221"＋产业园 全产业链打造品牌 …… 43

广西：塑强省域品牌形象 打造产业品牌联合体 ……… 48

云南：构建"10大名品"体系 引领高原特色农业

高质量发展 ……………………………… 53

甘肃：加快培育"甘味"品牌 做强丝路寒旱农业 …… 58

宁夏：借力"互联网＋" 助推品牌强农 ……………… 63

专 论 ……………………………………………………… 69

韩一军：“双循环”新发展格局下农业品牌
　　　　建设的思考 ………………………………… 71

陆　娟：如何从新“三品一标”建设认识农业品牌
　　　　创新发展 ………………………………… 76

赵　霞：脱贫地区农产品区域公用品牌建设的现状、
　　　　问题与对策分析 ………………………… 80

张　国：关于农业品牌建设的几个问题 …………… 85

雷刘功：讲好农业品牌故事的四个维度 …………… 89

吴　芳：标准化助力农业品牌高质量发展 ………… 94

附 录 ……………………………………………………… 97

总 论

Pandect

新发展阶段农业品牌建设的重要意义

一、构建"双循环"新发展格局的重要支撑

"十四五"时期是我国开启全面建设社会主义现代化国家新征程、向第二个百年奋斗目标进军的第一个五年。加快构建以国内大循环为主体、国内国际"双循环"相互促进的新发展格局是党中央根据当前和今后一个时期我国发展阶段、环境、条件的变化提出来的,是重塑我国国际合作和竞争新优势的战略举措。"双循环"的压舱石是内需,助推器是消费,做强中国品牌是进一步扩大内需、激活消费的内在要求。农业农村是形成强大国内市场的"双循环"重要环节和动力源泉,加强农业品牌建设,发挥品牌引领、创造、促进消费的积极作用,有利于激发乡村消费潜力,释放扩大消费潜能,畅通城乡经济循环,为构建"双循环"新发展格局提供强大动力和重要支撑。

二、全面推进乡村振兴的重要引擎

进入新发展阶段,我国"三农"工作重心转向全面推进乡村振兴。全面推进乡村振兴关键在于激发内生活力和动力,坚持农业农村优先发展,推动乡村产业、人才、文化、生态、组织全面振兴。乡村振兴品牌先行,以品牌共建共享为纽带,有利于激活市场要素,汇集资金、管理、技术、人才、信息等资源,将产业、生态、人文等资源优势转化为农业农村发展优势,实现品牌拉动资源集聚、品牌带动产业提质、品牌赋能乡村振兴的良性循环,促进农业高质高效、乡村宜居宜业、农民富裕富足。

三、巩固拓展脱贫攻坚成果的重要抓手

巩固拓展脱贫攻坚成果，做好同乡村振兴的有效衔接，是"十四五"时期"三农"工作最重要的任务。当前，我国正处于脱贫攻坚与乡村振兴统筹衔接的历史交汇期，在实现脱贫攻坚目标后，将着重建立农民持续稳定增收和城乡相对贫困减少的长效机制。近年来，在社会各界的大力帮扶下，贫困地区优势特色产业迅猛发展，产品品质不断提升，诞生了一大批叫得响、信得过的农业品牌，有的甚至成为"金字招牌"。品牌扶贫在脱贫攻坚中发挥了强劲的带动作用，成为扶贫、减贫和消贫的重要举措。在新发展阶段，持续推进品牌强农，支持脱贫地区培育塑强农业品牌，推动其产品融入全国大市场，实现优质优价，能有效引领脱贫地区特色产业提质增效，持续增强造血功能，推动脱贫地区产业可持续发展，为巩固拓展脱贫攻坚成果提供持久动力。

四、加快推进农业农村现代化的重要发力点

"十四五"时期是我国农业农村现代化跃上新的大台阶的重要战略机遇期。品牌化是实现农业农村现代化的重要标志。2021年中央1号文件提出，要"深入推进农业结构调整，推动品种培优、品质提升、品牌打造和标准化生产"，这是推进农业绿色发展、实现农业农村现代化的重要路径和重要任务。作为农业生产"三品一标"的重要方面，加快推进农业品牌建设，坚持质量第一、创新驱动、市场主导，有利于加快推进调优品种、调高品质、调绿模式，有利于引导补齐农产品商品化处理和仓储保鲜冷链物流设施短板，推动发展农产品产地初加工和精深加工，有利于健全现代农业全产业链标准体系，促进农业产业链、供应链和价值链全面升级，加快推动农业农村现代化建设。

农业品牌建设主要做法和成效

2020年，新冠肺炎疫情对我国农业农村经济发展和人民生活造成严重影响，农业品牌建设面临着新的挑战和机遇。一年来，各地各部门深入推进品牌强农战略，强化数字赋能、平台赋能和服务赋能，积极营造农业品牌培育与发展的良好氛围，传统农业品牌焕发活力，新的农业品牌竞相涌现，农业品牌消费增长新格局加快显现。

一、强化政策创设，品牌建设深入实施

各地各部门以实施乡村振兴战略为总抓手，紧密围绕推进农业高质量发展，加强政策创设，强化政策协同，深入开展农业品牌建设。2020年7月，农业农村部市场与信息化司指导中国农业大学首次举办中国农业品牌政策研讨会，成立农业品牌专家工作委员会，着力破解农业品牌理论研究不足、培育手段有限、发展方向不清等现实问题，搭建了政产学研共同参与的农业品牌政策创设新平台。首次发布《中国农业品牌发展报告》，全面梳理农业品牌建设成效，分析存在的问题，明确建设着力点，展望发展趋势，为创新推动农业品牌建设提供支撑。

各地立足资源禀赋和产业基础，因地制宜编制农业品牌发展规划，实施农业品牌建设行动，逐步建立农业品牌扶持政策体系。湖南省将品牌建设工作纳入政府绩效考核，建立湖南农业品牌专家智库，制定《湖南农业品牌建设五年规划（2021—2025）》，开创8个省级公用品牌＋4个片区公用品牌＋N个一县一特优秀品牌的"8+4+N"湖南农业品牌建设新格局。湖北省出台《湖北省农产品品牌三年培育方案》，按照"区域公用品牌＋企业产品品牌"的母子品牌模式开展全省农业品牌培育工

作，打造"中国荆楚味，湖北农产品"。内蒙古自治区出台《内蒙古农畜产品区域公用品牌建设三年行动方案（2021—2023年)》，绘制新阶段内蒙古农畜产品区域公用品牌建设的时间表、任务书、路线图，进一步提出做强农牧业"蒙字号"品牌。江西省出台《江西省农产品品牌总体策划方案》，大力实施"生态鄱阳湖·绿色农产品"品牌发展战略。宁夏回族自治区印发了《全区农业品牌提升行动实施方案》，大力推进"互联网＋"农产品出村进城工程，着力塑造"宁字号"品牌特色。

二、开展目录建设，品牌工作创新推动

2020年以来，各地在中国农业品牌目录制度建设的引领下，以目录建设为抓手，以区域公用品牌建设为重点，以构建品牌评价体系为基础，推动农业品牌建设健康有序发展。天津、山东、河南、广西、甘肃、新疆等省（区、市）陆续建立完善农业品牌目录制度，其中天津市将"津农精品"目录建设纳入天津市"三农"大数据管理平台，实行动态管理，建立品牌准入与退出机制。山东省组织申报第五批知名农产品区域公用品牌和企业产品品牌，遴选推出60个省知名农产品区域公用品牌、500个知名企业产品品牌。河南省遴选发布《河南省知名农业企业品牌目录》，分三批收录省级知名农业品牌600个，其中农产品区域公用品牌60个、农业企业品牌140个、农产品品牌400个。广西壮族自治区连续3年发布农业品牌目录，打造"广西好嘢"农业品牌总体形象，总计认定285个品牌，引领特色优势产业提档升级。甘肃省2020年发布《"甘味"农产品品牌目录》，包含50个区域公用品牌及150个龙头企业和农民合作社打造的农产品品牌，涵盖全省"牛羊菜果薯药"六大特色产业及地方主要特色农产品。新疆维吾尔自治区编制《新疆农产品生产供应企业名录》，收纳了新疆农牧林渔业各产业具有代表性的约200个区域公用品牌和企业品牌。

品牌目录引领带动消费。2020年，农业农村部指导中国农产品市场协会持续发布《中国农业品牌目录2019农产品区域公用品牌消费索引电子手册》，共推介31个省（区、市）的品牌消费索引，并在中国农业农

村市场信息微信公众号、中国农村网、《农产品市场》杂志等平台上发布，提升入围品牌的知名度和美誉度，有力引导社会消费。阿里研究院的数据显示，纳入目录管理的300个农产品区域公用品牌在某电商平台上表现良好，品牌产品订单数量、销售总额和复购订单数量快速增长。2020年交易总额达41.67亿元，较2018年增长19.5%；2020年交易总单数5 662万笔，较2018年增长13.68%；2020年复购单数1 469.64万笔，较2018年增长25.25%，消费者对农业品牌的认知度和忠诚度明显提升。

三、聚焦品质提升，筑牢品牌发展根基

2020年，各地各部门以农产品品质提升为着力点，聚焦品种培优、质量认证、标准建设等关键环节，持续打造高品质、高质量的农业品牌。全国新认证绿色、有机、地理标志农产品2.2万个，农产品例行监测合格率达到97.8%。

在品种培优方面，各级政府、科研院所、行业协会和品牌主体在原有特色品牌产品基础上积极改良研发新品种，不断提高产品品质，提升品牌价值。中国种子协会举办中国种子大会，为种业单位搭建合作平台，聚焦种业"破卡"难题，在重点品种、核心技术和关键主体方面展开交流，为打赢种业翻身仗"把脉"建言。贵州省遵义市为提升本土优良品种单品化、规模化，在全市范围内开展遵义辣椒"换种工程"，引导203家经营主体对辣椒"换种工程"的37.8万亩*实施订单生产，并组建了辣椒产业技术研究院，不断推动辣椒产业提质增效。广西农业科学院致力于荔浦芋品种改良，选育出了产量高、品质优、适应性强的荔浦芋新品种"桂芋2号"，亩产2 500～3 800千克，按收购价每千克10元计算，每亩增收1万元以上。四川省广元市苍溪县支持品牌主体不断改良推出川猕、红阳、红华、红美等红心猕猴桃品种，现种植猕猴桃10万亩，建成科研基地2个，年产鲜果3.5万吨，开发出猕猴桃去籽酱、浓缩汁、清酒、干红酒等加工产品8类17个，产品远销欧洲、东亚、东南亚等地的10多个国家。

---

* 亩为非法定计量单位，1亩≈666.7米^2——编者注。

在标准建设方面，农业农村部积极构建农产品全程质量控制与优质化业务技术标准体系，2020年组织遴选2021年度56项相关标准项目。2020年，中国绿色食品发展中心组织开展20项绿色食品产品标准的制定及修订工作，完成了绿色食品牛奶、番茄和黑木耳品质营养功能指标研究，组织制定50项区域生产操作规程。中国畜牧业协会鼓励制定技术水平高于国家标准和行业标准的团体标准，2020年新公布实施27项标准，其中8项羊业团体标准、5项鸽业团体标准、6项鹿业团体标准、3项驴业团体标准、2项畜牧工程团体标准和3项禽业团体标准。广东省广泛采用国际和国内先进标准，制定完善各类农业生产技术规范、投入品管理使用、分等分级、质量管控、贮藏运输、包装标识等标准，形成一整套品牌农产品"从田间到餐桌"的全程质量控制标准体系。宁夏回族自治区围绕优质粮食、现代畜牧、瓜菜、枸杞、酿酒葡萄等标准化种养殖基地重点实施标准化生产，创建农业标准化生产示范区。山西省2020年全年发布农业地方标准105项以上，全省农业地方标准已有1 000项左右，形成了门类全、覆盖广的农业生产标准体系。黑龙江省制定推行"两品一标"技术操作规程70项，涵盖了粮食作物、经济作物、畜禽养殖、山特采集以及食用菌栽培等领域。浙江省组织首批24个农产品标准化示范县创建，建设核心示范基地120多个，标准化生产面积2万多亩，辐射带动标准化生产面积5万多亩。青海省围绕牦牛、青稞等特色产业制定地方标准55项，并对182项农牧业特色产业地方标准实施评估和复审工作，强化绿色有机农畜产品认证和监管。

在质量管控方面，农业农村部农产品质量安全中心持续推进名特优新农产品全程质量控制试点创建，促进产地环境、生产过程、产品质量、包装标识等全程规范化、标准化。2020年新增258家试点企业，总数已达998家。支持浙江丽水、广东云浮、陕西榆林、北京房山等4个地市和浙江安吉、内蒙古扎赉特、福建南平市延平区等10个县（市、区、旗）整建制推进全程质量控制试点创建。全国农民合作社完成国家示范社第三次监测工作，鼓励农民合作社建立农产品质量安全追溯和食用农产品合格证等制度，目前近7 300家国家级示范社中，65%拥有注册商标，62%通过农产品质量认证，7%通过ISO9000、HACCP等质量认证。安徽省推行农产品全程质量控制体系，创建一批标准化集成示范基地，共建设国家级蔬菜标准园165个、省级蔬菜标准园404个，累计创建标准果园483个。推动北京、内蒙古、浙江、陕西、宁夏等17个省（区、市）大力发展良好农业规范（GAP）农产品，全国已通过GAP认证产品达1 238个。积极推进追溯体系标准化建设，推动国家农产品质量安全追溯管理信息平台与省级平台对接，北京、天津等24个省（区、市）完成对接，23万余家生产经营主体已在国家追溯平台注册。

四、塑强市场主体，激发品牌创建活力

为贯彻落实党中央、国务院"六保六稳"决策部署，保护激发市场主体活力，弘扬农业企业家精神，2020年，农业品牌建设聚焦农业企业品牌，加强宣传推介，树产业楷模，立行业典范，着力培育农业企业发展新动能，引领形成"双循环"新发展格局下各方合力推动农业高质量发展的良好氛围，将品牌强农引向深入。

农业农村部在第十八届中国国际农产品交易会上，首次将农业企业品牌作为推介重点，以"小康之年话丰收 感恩奋进立新功"为主题举办全国农业企业品牌推介专场活动，由12个行业协会分别发布粮食、畜牧、水产、蔬果等12个品类的118个企业品牌。代表企业现场登台推介，展示优质产品，讲述品牌故事，传播企业文化，增进各界对农业品牌的认知认可。本次活动成为展会创新营销模式、激发市场主体活力、助力农业企业开拓市场的重要平台。

行业协会积极推介企业品牌，树立行业典范，引领产业健康有序发展。中国水产流通与加工协会积极整合产业上下游尤其是消费端资源，顺应消费趋势，带领水产品生产企业以质量提升、预制食品开发和消费模式创新为重点，开展多领域、多层次、多元化的消费促进和品牌推介活动，并运用微视频、云展示、直播秀等方式向采购端和消费者推介优秀品牌企业。中国畜牧业协会整合产业资源，通过科普公益宣传，公开分享企业在食品安全方面的最佳实践，助力企业树立品牌信誉，提振消

费信心。中国种子协会组织种子企业开展信用评价，在主流媒体上刊登种子信用良好的骨干企业信息，广泛推荐信用企业品牌，同时执行失信名单教育惩戒制度，取消未按期修复信用企业的信用等级，营造了争当种子行业信用企业的良好氛围。

各地以龙头企业和合作社为重点，推动市场主体加强自主创新、质量管理和市场营销，积极搭建宣传推介平台，塑强一批具有较强竞争力的农业企业品牌。河北省支持行业协会组织企业开展品牌创建，举办河北省2020年品牌农业专题对接活动，重点打造20个领军企业品牌。上海市通过举办南汇桃花节、马陆葡萄节、奉贤菜花节等农业节庆品牌活动，助力休闲农业和乡村旅游星级企业（园区）打造企业品牌。云南省探索形成"大产业+新主体+新平台"的总体发展思路，连续两年组织农业企业申报"10大名品""10强企业"，参评企业基本囊括了云南省相关产业的知名企业，缔造"云南品牌强农模式"。江苏省制定《江苏农业企业知名品牌评价规范（试行）》团体标准，并于2020年8月发布，实现江苏省农业企业品牌评价有"标"可依。贵州省积极培育壮大产业化重点龙头企业，形成以老干妈为龙头引领，贵三红、明洋、茯莹、苗姑娘、乡下妹等企业紧随的辣椒加工雁阵集群，带动全省285万人参与辣椒产业发展。

五、发展数字营销，拓宽品牌推广渠道

随着现代信息技术的快速发展，数字经济成为推动国民经济发展的重要引擎。2020年，我国数字消费规模进一步扩大，新业态、新模式发展迅猛。据有关数据显示，2020年全国网上零售额达11.76万亿元，同比增长10.9%，实物商品网上零售额达9.76万亿元，同比增长14.8%，其中全国农产品网络零售额超过5 500亿元。全国农村网络零售额达1.79万亿元，同比增长8.9%。贫困地区的网络零售额增速高于全国水平，2020年全国832个国家级贫困县网络零售总额3 014.5亿元，同比增长26.0%。

2020年新冠肺炎疫情发生以来，数字平台成为农产品销售的重要

渠道，也成为农业品牌营销推广的重要阵地。各地各部门紧跟市场需求变化，结合产业发展实际，搭建数字化营销平台，农业品牌线上交易爆发式增长。农业农村部联合多家互联网平台在中国国际农产品交易会举办多场直播带货活动，吸引线下入场观众 30 万人次、线上云观展观众 5 000 万人次，头部主播线上带货销售过亿元。湖北省参与拼多多直播活动，组织开展"三区三州"农产品销售云购会公益直播活动，邀请县长、省人大代表等推介特色优质农畜产品等，其中央视新闻单场带货直播销售额超过 5.2 亿元。宁夏回族自治区携手阿里、京东及抖音、一点资讯、新华网宁夏频道等平台，开展"百企千村"特色农产品线上直播带货活动，举办农业龙头企业网红带货培训，探索宁夏"互联网+"特色农产品销售新模式。甘肃省联合新华网、抖音、京东等平台开展直播带货，重点宣传"甘味"品牌。重庆市实施智慧农业"四大行动"，大力推进农产品网销行动，进一步完善农产品电商资源汇聚和品牌农产品安全溯源体系建设，加强与京东、阿里等线上新媒体的合作，涪陵榨菜、恒都牛肉、江小白等一大批特色品牌插上互联网的翅膀，飞上了全国人民的餐桌。四川省在 52 个县（市、区）举办市县长直播带货、品牌直播电商节等活动，在 52 个县（市、区）开展直播带货 58 场，累计销售农产品 2.2 万余件，销售额超 5 000 万元。湖南省搭建了"湖湘农事""杜果扶贫云超市""湘农荟"等产销对接网络平台，积极参与上海农博会、江西生态博览会等展示展销活动，形成线上线下共同发力的促销格局，累计促销扶贫产品达 190 多亿元。天津市为促进疫情期间线上消费扩容提质，组织小站稻、迎宾冷鲜肉、黑马蔬菜等 40 多家品牌农业企业参加"购天津·春风行动"，开展线上促销活动。吉林省首次在澳门成功举办第六届"长白山人参"美食大赛暨品牌推介会，并通过国内外 30 多个传统媒体和数字传媒平台进行现场直播，曝光量达 7 659.25 万次，扩大了"长白山人参"在欧盟及葡语系国家的影响，推动吉林省与澳门特区在中医药领域开展更深层次的战略合作，为线上线下来自全球的广大消费者了解和品鉴"长白山人参"提供便利。西藏自治区邀请央视、新华社、西藏日报、西藏电视台等媒体参与产业扶贫宣传报道，摄制西藏青稞、西藏牦牛、西藏羊、西藏茶叶等精准扶贫公益宣传片，结合西藏旅游文化宣传，通过多样化数字平台开展品牌宣传推介。海南省举办2020年海南十大农产品地理标志网络评选活动，并在中国（海南）国际热带农产品冬季交易会开幕式上揭晓了评选结果，三亚杜果、澄迈福橙、文昌椰子、五指山红茶等区域公用品牌当选。辽宁省融合"品牌秀＋品鉴会＋新媒体＋新零售＋大数据"等形式，通过中央广电总台国际在线与多语种新闻客户端ChinaNews双平台新闻同步宣传，开展优质特色农产品品牌宣传推介活动。江苏省举办第二十届中国·盱眙国际龙虾节，依托传统媒体和新媒体的宣传推介，吸引了大量社会资本，不仅提高了盱眙龙虾的知名度，还带动了当地一二三产业融合发展。

行业协会充分利用数字媒体，整合传统媒体和新媒体力量加速推广农业品牌。中国农产品市场协会与北京新发地农产品批发市场等大型农批市场及京东、苏宁拼购助农等合作，开展滞销卖难信息征集工作，通过中国农产品市场协会官方网站和微信公众号推出"抗疫助农产销对接公益服务平台"，帮助农业企业、合作社和农户打通销路。中国优质农产品开发服务协会联合各类社会主体共同成立"全国农产品产销对接公益服务联盟"，推动品牌农产品市场销售。组织湖北、新疆等地农产品线上产销对接，中国农民丰收节金秋消费季电商直播，蓝莓、大米等产业线上消费季等活动，提高优质品牌农产品市场影响力，加快推动"互联网＋"农产品出村进城。中国水产流通与加工协会联合中国农业电影电视中心、湖北省农业事业发展中心共同举办"我为湖北拼大单——湖北水产品直销云购会"直播活动，线上线下累计意向成交水产品3.13万吨，意向成交额7.8亿元。中国畜牧业协会开发"线上畜博"专栏，开设"云端畜博"专属频道，精准对接展商与观众，同时开展各类线上线下配套品牌宣传活动，打造畜博会品牌建设大平台。

农业品牌数字消费分析与解读

　　随着5G网络、大数据中心、人工智能等在内的"新基建"快速发展，农产品电商迎来新的发展机遇。农业品牌如何把握战略发展机遇，建立数据驱动的品牌战略，依托电商等互联网平台，培育农业品牌快速发展成为亟须研究和解决的重要问题。2021年，在农业农村部市场与信息化司指导下，中国农业大学国家农业市场研究中心联合阿里研究院，对2018—2020年中国农业品牌目录300个农产品区域公用品牌在某电商平台的基本特征、消费评价和存在问题进行了分析，从一个侧面能够反映出我国农产品区域公用品牌数字消费的总体状况和发展特点。

一、基本特征

（一）品牌农产品销售额和销售单数实现双增

　　随着农业品牌强农战略的不断推进，我国农业品牌创建发展迅速，农产品商标注册量逐年增长，品牌农产品在电商平台上的销售总额和销售总单数快速增长。从平台数据来看，2018—2020年，品牌产品在该平台上的成交总单数逐年增长，且增幅变大。2019年成交总单数为4 980万笔，较2018年增长10.18%；2020年成交总单数首次突破5 000万笔，达到5 660万笔，较2019年增长13.65%。品牌产品销售额也增速明显，2020年300个区域公用品牌产品交易总额达42亿元，较2018年增长20%（图1）。

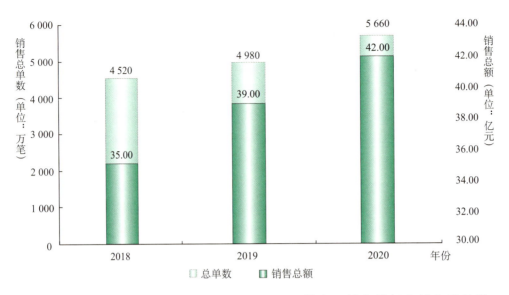

图1　2018—2020年300个农产品区域公用品牌产品销售总额和销售总单数

（二）品牌复购次数快速增长，忠诚度逐步上升

一段时间内消费者重复购买同一品牌的产品或服务的次数可以在较大程度上体现消费者对品牌的忠诚度。从该平台的300个区域公用品牌复购情况来看，2018—2020年，品牌农产品的复购单数逐年增长，且增速加快。2019年品牌农产品的复购单数共1 319万笔，较2018年增长6%；2020年复购单数为1 470万笔，较2019年增长11%，增速提升明显（图2）。农产品区域公用品牌复购率较为平稳，

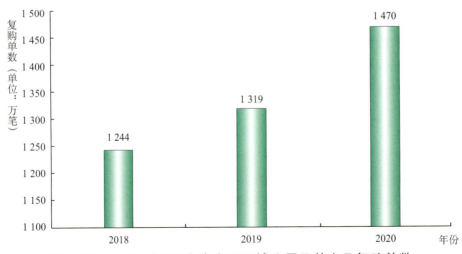

图2　2018—2020年300个农产品区域公用品牌产品复购单数

2018—2020年三年的复购率均高于25%，说明消费者已经建立了对部分农业品牌的忠诚度，且在一定程度上促进了品牌农产品的销售增长。

（三）品牌消费人数逐年增长，个体特征明显

2018—2020年，品牌农产品消费人数从3 200万人增长到4 200万人，增幅超30%。其中，2019年较2018年增长9.4%，2020年同比增长20%，增长速度逐年增加（图3）。2020年，受新冠肺炎疫情影响，线下采购受阻，线上采购渠道的积极拓展是消费主体数量快速增长的重要原因之一。

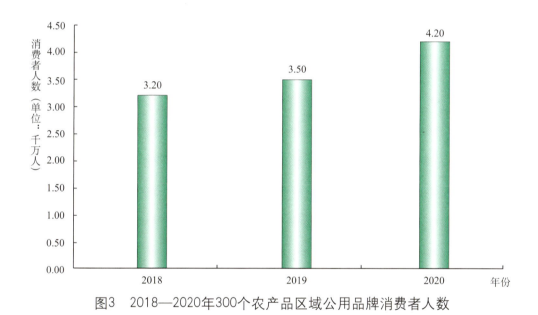

图3   2018—2020年300个农产品区域公用品牌消费者人数

2018—2020年，品牌农产品消费主体的年龄分布较为稳定。其中，"80后"是消费主力军，消费主体占比在35%以上；其次是"70后""90后"，消费主体占比均在23%左右；再次是"70前"，消费主体占比约15%；"00后"消费主体数量很少，约占1%，但值得关注的是"00后"消费主体占比逐年快速增长（图4）。相比于其他年龄段，经济状况相对较好、家庭消费为其主要支出可能是"80后"消费者成为农业品牌产品消费主力的主要原因。

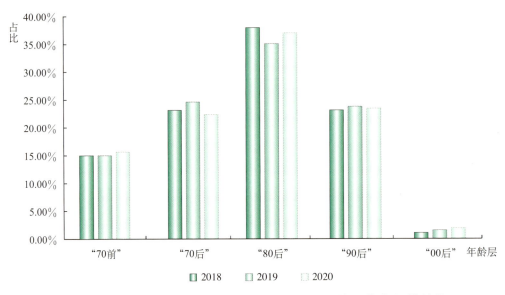

图4　2018—2020年300个农产品区域公用品牌消费者年龄结构

（四）品牌主体建设能力逐年提升，区域差异明显

2018—2020年，品牌主体线上店铺总数实现大幅增长，2019年店铺总数为4.74万家，较2018年增长20.61%；2020年为6.35万家，较2019年增长33.97%（图5）。电商平台的服务升级、居民消费习惯的改变，尤其是新冠肺炎疫情期间消费习惯的被动转变引导，更多品牌主体走进电商平台，品牌农产品的销售渠道不断拓宽，品牌主体的建设能力不断提高。

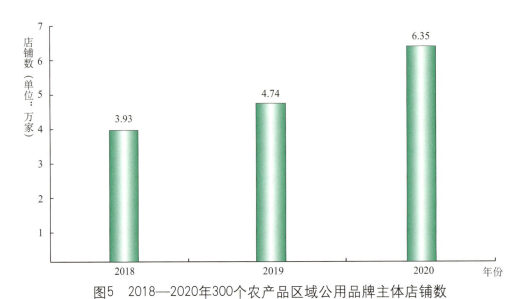

图5　2018—2020年300个农产品区域公用品牌主体店铺数

二、消费评价

消费者对品牌的信用评价在更深层次上反映出企业主体的品牌建设意识和建设能力。从平台数据来看，2018—2020年，消费者对品牌主体店铺的服务态度评价、物流服务评价和产品描述相符性评价水平均有所提高，市场主体对品牌的维护意识和建设能力逐步增强。

服务态度评价方面，2018—2020年，消费者对品牌主体店铺的服务态度平均得分高于4.60分（满分5分），其中2020年消费者对品牌主体店铺的服务态度评分为近3年最高，平均分达到4.76分。从图6可以看出，300个区域公用品牌中，该项得分在均值4.76分以上的店铺约占总体的92%，较2018年有显著改善。

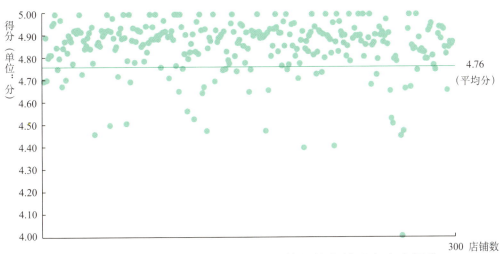

图6 2020年300个农产品区域公用品牌主体店铺服务态度评分
（4分以上部分）

物流服务方面，随着我国农产品物流基础设施不断完善、物流技术进一步提高，电商的物流水平得到了较大改善。从300个区域公用品牌的物流评价来看，2018—2020年，品牌主体店铺的物流水平逐年提高。2020年，消费者对品牌主体店铺的物流服务评分均值为4.77分（满分5分），高于2018年的4.74分和2019年的4.61分（图7）。物流评价整体得分较高，且评价的得分分布相对集中，得分低于4.7分的店铺占店铺总数的比重低于10%。

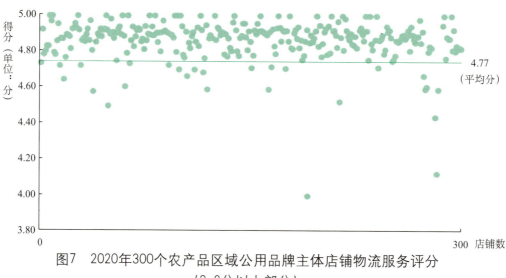

图7　2020年300个农产品区域公用品牌主体店铺物流服务评分
（3.8分以上部分）

产品与描述的相符度评价是反映消费者对产品满意度的重要内容，也在一定程度上反映了品牌主体对品牌信誉的重视程度。2020年，消费者对品牌主体店铺的描述相符评分均值为4.52分。300个区域公用品牌主体中，该项评分最高的店铺得分为4.92分（满分5分），且评分在4.7～5.0分的店铺占总体的76.2%，高于2019年的70.1%和2018年的68.5%，品牌主体对品牌的维护意识显著增强（图8）。

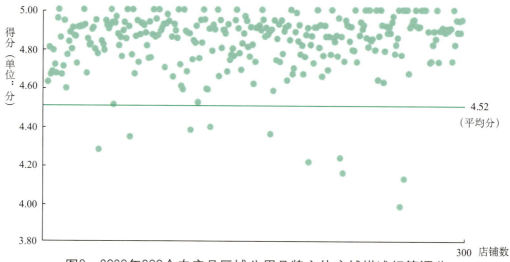

图8　2020年300个农产品区域公用品牌主体店铺描述相符评分
（3.8分以上部分）

三、存在问题

(一) 不同品类农产品电商平台表现差异较大

从电商平台的数据来看，近年来，随着越来越多的农业品牌主体入驻电商平台，消费者对品牌的认知度以及各类农产品的销售额都有了不同程度的增长，但总体来讲，现有电商平台上不同类别的品牌产品表现差异较大，长期来看无法满足线上消费者对特色、优质农产品多品类、多样化需求。数据显示，品牌农食产品在平台上的销售品类尤为集中，销售额排前三的依次是休闲食品、滋补食品和茶叶，占农食产品销售总额的50%以上，而其余品类农食产品销售额的总和不到农产品销售总额的一半。

(二) 品牌声誉维护力度尚有较大提升空间

品牌声誉是品牌价值提升的关键，品牌主体对品牌声誉的重视程度和维护力度决定了品牌价值的提升空间。从平台消费者对品牌主体和品牌产品的评价可以看出，相较于物流服务和售后服务，产品与描述的相符度评价整体得分偏低。2020年，300个区域公用品牌主体该项平均得分为4.52分，低于服务态度（4.76分）和物流服务（4.77分），评分在4.7～5.0分的店铺占总体的76.2%，也低于服务态度（90.2%）和物流服务（92%）。改善此种状况，需要品牌主体积极关注社会公众对品牌的认知和评价，也需要电商平台充分发挥监督职能，合力提升农业品牌认可度和美誉度。

(三) 部分区域农业品牌建设有待加强

从平台店铺分布区域来看，区域公用品牌主体所在地区分布不平衡。其中，东南沿海地区的品牌主体数量多、品牌产品销售规模大，仅华东地区的品牌主体数量占比超过40%，而西北地区、西南地区和东北地区的品牌主体数量相对较少，占比分别为6.81%、6.61%和6.43%（图9）。

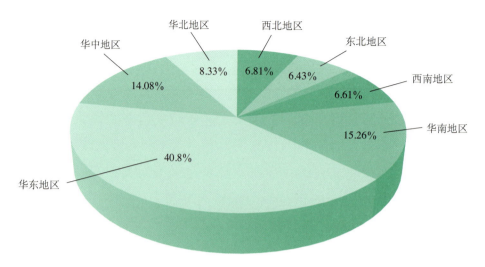

图9 2020年分地区品牌主体数量分布

总体来看，电商平台已经成为农业品牌销售的重要渠道，服务环境日趋完善，服务能力进一步提升，在品牌创建、创新、维护、维权等方面正在发挥积极作用，特别是跨境电商发展将加速释放贸易潜力，加快品牌全球化步伐，为我国农业品牌创新发展提供强劲动力。

农业品牌建设存在的主要问题

一、区域公用品牌建设认识有待深化

区域公用品牌是农业品牌的重要组成部分，是各级地方政府推动农业品牌建设、带动地方经济发展和促进农民增收的重要抓手。各地进行了有益的探索和尝试，涌现出不同的建设模式和发展路径，但也存在一些问题亟待探讨。洛川苹果、兴安盟大米、大通牦牛、盱眙龙虾、富平柿饼、柞水木耳、大同黄花、横县茉莉花、遵义辣椒等以"产地+品类"命名建设的区域公用品牌发展迅速，品牌溢价明显，其主要经验在于聚焦品类、抓牢产业。有些地区积极打造地域品牌形象，创作传播标志和口号，主要目的是展现当地独特的生态风貌、人文历史、资源禀赋和产业特色等，形成辖区内农产品价值赋能和服务平台，如"河北农品 百膳冀为先""生态鄱阳湖 绿色农产品""中国荆楚味，湖北农产品""厚道甘肃 地道甘味"等。还有一些地区基于当地产业规模有限、品牌小而杂的现实，由政府调动资源推动创建一批全域全品类品牌，此类品牌是为了推动区域发展打造的形象品牌，由于缺乏明确的产品辨识和产地特征，不属于农产品区域公用品牌范畴，短期内会产生一定影响，但在实际操作中存在诸多困难，难以形成推动产业和带动消费的长效抓手，在农业品牌管理和风险控制方面存在较大隐患，亟须在此类形象品牌下重点打造单品品牌。产地是决定农业品牌特色的重要条件，品类是提升农业品牌辨识度的关键要素，加快推动"产地+品类"的品牌打造模式应成为推动农产品区域公用品牌建设的方向。

二、品牌发展协同性有待加强

实施品牌强农战略，是以区域公用品牌为依托，以企业品牌为支撑，以产品品牌为核心，推动三者深度融合、协同共进的发展思路。从农业品牌建设实践来看，区域公用品牌建设推动有力，成效明显；但由于缺乏统筹发展规划和协同推进机制，三者发展很不均衡，企业品牌和产品品牌建设相对滞后。在农业品牌建设过程中，既要发挥政府推动作用，打造强势区域公用品牌，也要注重培育出一批授权发展的企业品牌，塑强一批优质的产品品牌，形成品牌集群优势，带动产业链、供应链和价值链升级，引领带动农业农村高质量发展。

三、品牌建设服务支撑能力有待提升

农业品牌建设整体处于发展初级阶段，具有长期性、系统性和复杂性特征，需要各部门、各机构合力推进，为品牌建设提供智力支持和服务保障。当前，行业协会、科研院所、中介机构等主体积极参与，营造了农业品牌建设良好的发展氛围，但在理论研究、专业服务、人才培养等方面发展滞后，导致品牌建设后劲不足。在理论研究方面，科研院所与品牌主体及相关实践结合不紧，缺乏对品牌建设过程中出现的新问题、新情况和新趋势等的深入研究，研究成果难以及时转化为有效的解决方案。在专业服务方面，商标注册、规划咨询、营销推广、金融服务、法律援助等领域市场需求旺盛，但供给能力有限，低水平竞争不断加剧，服务质量亟待提高。在人才培养方面，缺乏品牌专业人才培养机制，对品牌建设和管理主体培训力度不够，难以形成持续推动农业品牌建设的核心力量。

四、品牌特色内涵挖掘不够

在农业品牌建设过程中，各地注重探索差异化发展模式，涌现出一批特色鲜明、底蕴深厚、富有竞争力的农业品牌。但总体来看，品牌主体对产品特色提炼不足，文化内涵挖掘不够，品牌形象不鲜明，同质化问题依然突出。例如，苹果、大米、柑橘、茶叶等品类的品牌数量众多，但定位不够清晰，缺乏品质底色的深度表达，辨识度和区别度不高，难以实施精准营销，不利于形成品牌认可度和忠诚度。品牌承载着农业生产、生活等功能，品牌建设要促进农业产业与农耕文化、乡风民俗等深度融合，让特色内涵成为引领品牌消费的新符号。

五、品牌引领带动消费作用尚未充分发挥

近年来，各地创新推动品牌营销，借助展会、节庆等载体开展品牌营销推介活动，发布品牌消费索引，持续提升品牌知名度、美誉度和影响力。但从消费需求来看，当前品牌销售仍存在渠道不明确、体系不健全等问题，散兵游勇多，权威渠道少，消费者购买品牌存在"去哪买""买什么""怎么买"等困惑，使得品牌产品产销不畅，供需不匹配，难以实现优质优价。新冠肺炎疫情之后，消费者对品牌的消费方式和渠道发生了重要变化，特别是年轻一代新兴消费群体快速崛起，农业品牌营销要根据消费市场多层次、多元化需求进行及时调整，以品牌挖掘消费潜力，创造消费需求，激发消费活力。

农业品牌发展趋势展望

迈入"十四五"，启航新征程。构建新发展格局，潜力后劲在"三农"。在全面推进乡村振兴的时代背景下，推进农业品牌工作既要保成果出亮点，又要谋长远添动力；既要出真招见实效，又要顺应新趋势凝聚新共识，不断探索创新、开拓前行，为实现农业农村现代化建设贡献力量。

一、品牌强农助力脱贫攻坚与乡村振兴有效衔接

2020年，我国决战脱贫攻坚取得决定性胜利，品牌扶贫在打赢脱贫攻坚战中发挥了重要作用。未来5年，是巩固脱贫攻坚成果和乡村振兴的"衔接期"，也是农业品牌建设的"机遇期"，农业品牌将在巩固拓展脱贫攻坚成果同乡村振兴有效衔接中扮演更加重要的角色，发挥更加突出的作用。下一步，加强脱贫地区品牌帮扶将成为推动"有效衔接"的重点工作，对产业基础好、品牌建设需求大、地方积极性高的脱贫地区要在品牌规划、标准制订、营销推介、产销衔接等方面给予重点帮扶，支持脱贫地区做大产业做强品牌，打造独具特色的地域名片。

二、农业生产"三品一标"开启农业品牌建设新阶段

为贯彻落实中央1号文件精神，2021年3月，农业农村部印发《农业生产"三品一标"提升行动实施方案》，将农业生产"三品一标"工作纳入全面推进乡村振兴、加快农业农村现代化的重要内容，也为新时代农业品牌创新发展指明了方向。下一步，农业品牌建设要以满足市场需求为导向，着力培优品种，提升品质，夯实品牌发展根基。建立农业

品牌标准，深入推进中国农业品牌目录制度建设，培育品牌文化，创新品牌营销，塑强一批精品区域公用品牌，带动企业品牌和产品品牌协同发展。

三、数字经济是扩大农业品牌消费的增长点

新一轮科技革命和产业变革加速数字经济发展，我国数字经济总量已跃居世界第二，网络购物占据居民消费的1/4，2019年数字消费人数达到8.55亿人次，数字消费深刻改变了商业模式和消费生态，也将为农业品牌创新发展注入新动能。在当前及今后的一段时间，农业品牌建设要顺应数字化、网络化、智能化发展趋势，积极利用电商、视频直播、社交网络、云展会等数字平台，创新拓宽营销渠道，加快孵化一批农业品牌专业营销主体，塑强一批"互联网＋"农业品牌，进一步激发消费潜能，扩大农产品品牌消费。

四、中欧地标互认互保为区域公用品牌建设带来新机遇

2021年3月，《中华人民共和国政府与欧洲联盟地理标志保护与合作协定》正式生效，首批中欧各100个地理标志即日起受到保护，其中龙口粉丝、龙井茶、琯溪蜜柚、金乡大蒜、镇江香醋、盐城龙虾、平谷大桃、东山白芦笋等地标产品，具有了"国际通行证"。中欧地理标志协定的正式签订，为以地理标志为核心的区域公用品牌建设提供重要发展机遇。下一步，区域公用品牌建设要着重加快绿色食品、有机农产品、地理标志农产品认证，开展商标注册，强化授权管理，加强品牌保护，不断增强国际交流，让区域公用品牌成为中国农业对外合作的新名片，弘扬农耕文化的新载体。

分 论

Sub-pandect

河北：借鉴工业设计理念 创新农业品牌建设

河北省委、省政府高度重视农业品牌发展，将农业品牌建设作为推进农业供给侧结构性改革、实现一二三产业融合发展的重要抓手，实施"区域、企业、产品"三位一体品牌发展战略，把工业设计理念融入农业品牌建设中，以标准化生产、产业化经营、品牌化营销为着力点，以提高品牌农产品的市场占有率、溢价能力为目标，按照省级主导、市县参与、专业设计、强化推广的思路，全力打造农产品系列"河北品牌"，持续提升河北农业品牌知名度和影响力。

一、突出基地创建，强化品牌培树

河北省逐年加大农业品牌建设支持力度，品牌数量不断增加，全省注册农产品商标近7万个，品牌农产品数量年增长率达10%。以全省62个特色优势区为基础，打造"金字招牌"，用品牌诠释品类，树立河北梨、河北葡萄等具有代表性的品类旗帜。按照工业化发展理念，率先提出农业品牌培育的"十个一"模式，即明确一个品牌主体、注册一个保护商标、设计一个整体形象、出台一套整体规划、制定一套准入制度、建立一套监管体系、制定一套宣传机制、健全一套营销体系、建好一支品牌队伍、出台一套支持政策，做到一个品牌制定一个方案、建立一套台账，列出清单、目标、措施，逐个进行打造。发展了一批含金量高的区域公用品牌，培育打造了迁西板栗、沧州金丝小枣、安国中药材、深州蜜桃、鸡泽辣椒、平泉香菇等85个省级以上区域公用品牌。农业品牌溢价能力显著增强，如"富岗苹果"最高卖到100元/个、"玉田包尖白菜"59元/颗、"馆陶黄瓜"10元/根、"固安西红柿"60元/千克。打造了一批龙头企业品牌，君乐宝、五得利、养元、今麦郎、金沙河、汇福粮油、梅花味精7家企业品牌价值超百亿元。

二、找准品牌定位，突出设计创新

河北省农业品牌培育对标国际农业品牌发展和工业品牌设计先进模式，遵循品牌建设规律，按不同品牌制定发展策略，多措并举推动农业品牌快速发展。

一是突出品牌协会聚能作用。 成立河北省农产品品牌协会、河北省品牌农业发展联盟和河北省农业品牌创意设计联盟，为河北品牌农业造势、汇智、引资、聚能、创新，推动协调发展，扭转产业间恶性竞争态势，形成"拳头效应"，掌握单品定价权。

二是推出河北农业品牌整体形象。 河北省根据地域差异、品种特性，挖掘农产品品牌历史文化内涵，强化传统工艺传承和保护，加强品牌创意，注重形象设计，规范包装标识，创建了一批具有文化底蕴、鲜明地域特征的特色产品品牌，发布"河北农品·百膳冀为先"农业品牌口号和品牌标志，为河北农业品牌进军全国市场奠定坚实基础（图10）。

图10 河北农业品牌集萃

三是组织品牌创新专题培训。 来自北京、深圳等地的国内知名专家和品牌打造机构现场授课、答疑解惑并深入对接,传播先进品牌理念,提升农业部门品牌建设管理能力,提高农业企业品牌意识。培训活动通过线上直播的形式同步进行,培训人次突破2 000万。

四是举办河北省农业品牌专展。 组织以联盟和协会成员单位为主的130多家国内一流品牌打造和包装设计机构现场展示,并与河北省品牌主体洽谈对接,达成区域公用品牌合作意向12个,企业品牌意向100多个。

三、发动社会资源,扩大品牌影响

2017年以来,河北省连续4年举办农业品牌创新创意设计大赛,以"品牌创造价值"为主题,力求打造河北省农业品牌创意设计界最高赛事(图11)。组织国内知名设计机构、设计类重点高校及设计师加强品牌创新,并从品牌创意设计到市场定位进行延伸,提升河北品牌整体形象和价值,搭建品牌主体与专业品牌机构、相关科研院所对接的桥梁,联合共建品牌,丰富品牌内涵,讲好品牌故事,沉淀品牌精神,

图11 河北省农业品牌创新创意设计大赛

树立品牌形象，扩大品牌美誉，提升品牌溢价能力。截至目前，已成功设计打造了 10 000 多个农业品牌，获奖作品 200 余件。此外，广泛利用全媒体手段进行品牌宣传，举办"我最喜爱的河北农业品牌""我为家乡农产品代言"等多项活动，掀起全域范围内"懂品牌、唱品牌、消费品牌"的热潮。

四、把好市场脉搏，拓展品牌渠道

为破解河北省农业品牌产品种类多、规模小、分布散、知名品牌少、影响力弱、市场占有率低等难题，河北省进行了积极探索创新。

一是按照工业发展理念，做好市场定位。区分南方北方、城市乡村、国内国际不同市场、不同消费人群，开展精准调研，形成品牌宣传营销方案，明确不同产品的产业特点、市场定位和营销策略。选择北京、上海、广州、深圳等城市举办"河北农业品牌万里行"活动，创新现场推介＋淘宝网红、抖音直播推介等新模式，宣传河北品牌、拓展线下渠道。

二是探索"品牌＋电商"新思路，扩大网上销售。在石家庄举办的阿里巴巴技术脱贫大会上，河北省组织 23 个代表性强的农产品品牌举办了河北优质农产品展，开展线下品鉴线上销售，在不到 2 个小时的直播中产生了 14 万单有效订单，销售额达 600 万元。利用河北省品牌农产品网上商城，以宣传销售河北特色、优势、优质、品牌农产品为主，以共享仓储、共享物流为辅，将线上销售、线下体验相结合，遴选优质农产品和企业免费入驻平台，目前已有 200 多家企业的 1 000 多个商品在线销售。

三是紧抓"带货"风潮，助力产业扶贫。积极对接阿里、京东、今日头条、抖音、腾讯微视频等电商直播平台，组织多种形式帮助贫困地区农产品进行销售。举办线上"网红带货"、主流媒体宣传推介等相关活动，把品牌产品植入带货链条，向电商销售平台引流。拓宽农产品线上销售主渠道，在全省形成直播带货示范带动效应，直接经济效益超过 10 亿元。

山东：坚持创新引领
推动齐鲁农业品牌蝶变升级

山东省农业资源禀赋优异，农耕文化积淀深厚。近年来，山东省牢记习近平总书记"打造乡村振兴齐鲁样板"的殷殷嘱托，充分挖掘比较优势，创新顶层设计，健全培育体系，大力实施"质量兴农、品牌强农"战略，开创了一条以创新引领农业品牌发展的路径，奏响了农业品牌强省时代乐章。

一、加强规划引领，创新品牌顶层设计

（一）创新政策设计

率先出台了《关于加快推进农产品品牌建设的意见》《山东省农产品品牌建设实施方案》《山东省农产品品牌提升行动实施方案》等文件，创新地提出了"打造一个国内外享有较高知名度和影响力的山东农产品整体品牌形象、培育一批区域公用品牌和企业产品品牌、制定一个山东农产品知名品牌目录制度、建立一套实体店与网店相结合的山东品牌农产品营销体系"的"四个一"目标。

（二）创新运营模式

在整合挖掘齐鲁深厚文化底蕴的基础上，结合现代农产品消费定位，设计并推出了"齐鲁灵秀地、品牌农产品"省级农产品整体品牌形象，建立了"省级整体品牌+区域公用品牌+企业产品品牌"的品牌运营体系，形成了山东省全区域、全产业参与品牌塑造的合力（图12）。

图12　山东农业品牌整体形象

（三）强化支撑保障

建立了由省农业农村厅、省发展与改革委、省财政厅等部门组成的农产品品牌建设联席会议机制，形成了创品牌、管品牌、护品牌的联动合作机制。组建了由国内、省内60多名从事品牌、营销等方面研究、实践的专家组成的山东省农业品牌专家委员会，为全省农产品品牌建设提供了智力支撑。

二、筑牢质量根基，厚植品牌发展优势

山东省积极构建与质量兴农、绿色兴农、品牌强农相适应的农业地方标准体系，2020年全省农业地方标准和技术规程达到2 600项；推动省部共建全国蔬菜质量标准中心落户，认定省级农业标准化生产基地1 309家；开发上线了"一乡一业"标准体系库，实现农业标准与生产需求紧密衔接。在全省范围内试行食用农产品合格证制度，并融入品牌建设工作中，对于未实行合格证制度的主体及其产品一律不允许参加各类展示展销会和品牌评选活动等。聊城市在全省率先建成了覆盖全市的农产品质量安全追溯体系和信息平台，整建制创建农产品质量安全市，将被授权使用品牌标识的企业、合作社、基地大多纳入监管和追溯范

围，将绿色食品质量标准作为授权使用品牌标识的首要条件，进一步提升了品牌信誉。

三、健全培育体系，引领品牌做大做强

（一）建立评价体系

制定并发布了《知名农产品区域公用品牌评价》《知名农产品企业产品品牌评价》《山东省农产品电子商务包装通用规范》地方标准，建立了省知名农产品品牌评价体系，遴选推出了烟台苹果、金乡大蒜、章丘大葱、威海刺参、莱芜黑猪、莱阳梨、乐陵小枣、平阴玫瑰、菏泽牡丹、日照绿茶、微山湖大闸蟹、荣成海带、东阿黑毛驴等60个省知名农产品区域公用品牌，以及龙大牌低温肉制品、鲁花牌花生油、康大牌兔肉、保龄宝牌淀粉糖等500个省知名农产品企业产品品牌。烟台苹果、滕州马铃薯、章丘大葱、金乡大蒜、威海刺参等5个区域公用品牌入选2017年中国百强农产品区域公用品牌；烟台苹果、金乡大蒜、章丘大葱、泰山茶、邹城蘑菇等17个优秀农产品区域公用品牌入选中国农业品牌目录2019农产品区域公用品牌名单。上榜数量均居全国首位。

（二）加大人才培育

采取"走出去"和"请进来"相结合的方式，积极实施农业品牌人才培育工程。2017年组织市、县（市、区）两级农业农村部门从事品牌工作的负责人和部分区域公用品牌、企业产品品牌相关负责人等340余人，赴浙江大学开展农业品牌专题培训，系统学习了农业品牌专业知识。2018年，邀请了北京著名品牌营销咨询机构为300多家农业企业开展品牌营销策划专题培训，2019年组织165人赴南京农业大学培训，进一步提升了山东农业品牌创建的能力和水平。

四、融合营销赋能，放大品牌传播效应

（一）依托展会平台，唱好品牌推广戏

在中国国际农产品交易会期间，精心设计、开拓性举办了一系列品牌推介活动，创新搭建了露天推介中心，搭建了"百米品牌长廊"，集中宣传展示山东知名农产品品牌。2020年，以"庆丰收 迎小康"为主题，成功举办了农产品区域公用品牌热销暨中国品牌农产品庆丰收和山东省庆祝2020中国农民丰收节主场活动。高标准搭建了"齐鲁灵秀地 品牌农产品"区域公用品牌展区、非遗展示区和丰收市集，开展了直播带货活动。参展观众达5万多人次，线上+线下累计达成2个多亿的销售额。

（二）创新载体形式，打好宣传组合拳

与大众报业集团和山东广播电视台达成战略合作，并在山东广播电视台农科频道创设了《品牌农业在山东》栏目，制作播出了《章丘大葱》《金乡大蒜》等60多个区域公用品牌节目。2017—2019年，利用山东航空公司100多架飞机机舱餐桌板开展品牌宣传推广行动，搭建了山东品牌农产品"空中博览馆"（图13）。精心制作了15秒"齐鲁灵秀地 品牌

图13 山东品牌农产品"空中博览馆"

农产品"公益宣传片，相继在中央电视台综合频道晚间《新闻联播》前、中央电视台中文国际频道晚间《新闻联播》前和中央电视台新闻频道播出，进一步提升了国内知名度。

（三）线上线下营销，深入拓展市场渠道

与国内新零售领军者——盒马鲜生签署了全面战略合作协议，推动7家盒马鲜生体验店落地青岛，进一步拓展了山东优质农产品销售渠道。济宁市创建了百家济宁礼飨"优品名店"提升工程，架接了基地与商铺的桥梁，实现"优质农产品一站式购物"。2020年春节期间，利用抖音和今日头条开展了"备点年货过大年"线上宣传营销活动，抖音话题总播放量达3.4亿人次，今日头条专题推送量达1 201万人次。指导举办了《家乡好物》融媒直播栏目、《县长来了》爱心助农直播活动、《齐鲁农产云逛商超活动》山东特色好物商超直播推广活动，进一步拓展了品牌传播渠道。2018年，开发建设了"山东品牌农产品综合服务平台"，开辟了线上营销渠道，平台上线以来累计带动关联销售额6亿余元（图14）。威海市引入直播机构，创建了农产品网红直播基地，促进了品牌知名度不断跃升。

图14　山东品牌农产品综合服务平台上线仪式

江苏：创新品牌赋能机制 推动品牌科学发展

近年来，江苏省各级农业农村部门积极谋划品牌发展新路径，深入实施"品牌强农 营销富民"工程，以打造"三高"（高知名度、高美誉度、高忠诚度）品牌为重点，充分发挥政府引导和市场推动"两只手"作用，率先组织开展了"江苏省十强农产品区域公用品牌大赛""江苏省农业企业知名品牌30强大赛"等活动，成功推选出高邮鸭蛋、盱眙龙虾、东台西瓜、洪泽湖大闸蟹等江苏十强区域公用品牌和"桂花鸭""卫岗"等知名企业品牌，初步构建起推进农业强势品牌的省级平台，形成省级农业品牌赋能新机制，探索出一整套可复制、可推广的农业品牌培育新模式，提升了农业品牌价值。

一、优化制度创设，为品牌赋能筑牢坚实基础

2017年，江苏省农委组织开展了省级农业品牌目录试点工作。2020年江苏省农业农村厅将《江苏农产品品牌目录制度（试行）》升级为规范性文件《江苏农业品牌目录制度》，目录品牌由种植业、畜牧业、果蔬等扩大到包括渔业和初加工等在内的农业全产业链范围，全面覆盖区域公用品牌、企业品牌和产品品牌。为让目录制度发挥更大引领作用，省厅专门召开新闻通气会，对品牌目录制度进行政策解读和宣传推介，并组织开展首批征集推选活动。经过严格规范的评选，2020年9月首届江苏农业品牌发布会正式公布了115个入选省级品牌目录的品牌，其中区域公用品牌20个，产品品牌95个（图15）。同时，邀请专业公司设计江苏农业品牌目录标识（JSABC），并成功申请登记国家版权，在入选省级目录的品牌主体中推广使用，创新了品牌目录标识管理模式，将

图15　首届江苏农业品牌发布会

行政推动与市场机制相结合，为赋能品牌和打造江苏知名农业品牌集群打下坚实基础。

二、探索品牌大赛，为品牌赋能打造聚力平台

基于农业品牌工作的特点，针对农产品区域公用品牌与企业品牌和产品品牌的不同特性，江苏开拓创新，以举办大赛为抓手，积极创建品牌赋能新平台。

一是注重品牌理论学习，引领农业品牌高质量发展。近年来，江苏积极学习品牌理论，立足江苏实际，积极推动农业品牌工作规范化、科学化发展，以品牌资产理论指导品牌工作实践。注重吸纳多方智慧，于2019年建立了省级农业品牌和市场建设专家库，首批共有129人入选，涵盖农业、食品、营销、传播、品牌等专业领域。近两年，专家团队积极参与制定《江苏农业品牌提升行动专项方案（2018—2022）》和品牌评价工作，协助开展省级目录制度专家论证，参与制订省级品牌评价团体标准和地方标准，举办各类品牌比赛活动，全面提升品牌工作专业化水平。在农业企业品牌方面，组织指导省农业品牌协会依据企业发展情况，从品牌背景、品牌质量、品牌形象、品牌个性和品牌贡献五方面进

行指标量化和综合评价，制定《江苏农业企业知名品牌评价规范（试行）》团体标准，并于2020年8月在全国率先发布，实现江苏农业品牌评价有"标"可依。在农产品区域公用品牌方面，组织南京农业大学制定省级标准《知名农产品区域公用品牌管理规范》，促进农产品区域公用品牌健康发展。

二是注重分类指导推进，精心组织两类品牌大赛。2019年9月至12月，江苏省农业农村厅联合新华报业传媒集团专门举办了首届"江苏省十强农产品区域公用品牌"大赛，由省政府主管部门和党委主流媒体共同搭台背书，既体现公信力和公益性，又展现公用品牌工作的特殊性，初步搭建起打造农业强势品牌的新平台（图16）。2020年8月至12月，由省农业农村厅农业品牌工作领导小组办公室筹划指导，省农产品品牌发展中心、省农业品牌协会和省农业产业化龙头企业协会联合举办了"苏垦杯"首届江苏省农业企业知名品牌30强大赛，吸引社会力量共同打造强势品牌（图17）。两类品牌大赛是江苏着力打造强势品牌、建设省级传播平台的成功尝试，逐步完善了两种品牌培植新模式，为全省各地树立了标杆，也标志着品牌强农、营销富民工程进入新阶段。

图16　江苏十强农产品区域公用品牌大赛决赛现场

图17　"苏垦杯"首届江苏省农业企业知名品牌30强大赛现场

三是注重优化规则流程，形成可持续的品牌传播机制。品牌大赛由品牌主体申报、审核推荐、专家初审、公众推选、现场评审、展示发布6个环节组成，简单概括为"一核二审三结合四参与"。"一核"就是市县农业农村部门进行资格、条件审核，确保符合要求的品牌参赛；"二审"就是组织专家专业初审和最终现场评审，确保专家意见充分表达，评审结果体现较高专业性；"三结合"就是政府部门、传统媒介、新媒体三结合，既体现品牌工作特点，又强化政府导向与行业特色，通过广泛宣传，提升品牌影响力，营造品牌竞赛氛围；"四参与"就是在现场评审中，邀请评审专家、公众代表、媒体代表及网上消费者代表四方参与，吸纳不同领域人群对品牌的评价意见，共同评选出辨识度较高、大众普遍接受的强势品牌。为确保大赛公平公正，还邀请了省厅机关纪委进行全程监督。2019年品牌大赛网络投票期间仅10天就吸引158万消费者参与，引起地方党委政府和社会广泛关注，部分地方党委政府领导亲自上台推荐本地区域公用品牌，有力促进了当地特色产业发展。与此同时，各地积极推广农业品牌赋能新机制，2020年无锡市组织开展了首届"十大农产品品牌评选"活动，连云港市开展"建行"杯2020连云港优质稻米评鉴暨优质农产品品牌评选，全省各地掀起农业品牌建设新高潮。

三、开展精准营销，为品牌赋能持续助力添翼

品牌建设离不开品牌营销，江苏注重加大品牌营销力度，不断提升品牌影响力和传播力。

一是突出强势媒体宣传。省厅联合实力雄厚、专业性强、宣传形式多样的省级主流媒体，包括各类传统媒体和新媒体，从大赛启动、评审到最后发布等环节，进行全过程、全方位的深度宣传报道，提高了消费者的认知度，扩大了品牌大赛的影响力，提升了品牌知名度和美誉度。

二是突出线上线下结合。近年来，江苏每年精心组织品牌企业、品牌产品参展农交会、茶博会等全国性展会，依托江苏国际农业展览中心、上海西郊国展中心等开展"专场演出"，举办全省合作社产品展销会、江苏名特优农产品上海交易会、"苏韵乡情"系列推广活动、东西扶贫协作特色农产品展示展销等省级以上展会活动10余场，支持市县举办各类品牌农产品产销对接、评审推介等活动30余场，有力提升了江苏农业品牌的知名度和美誉度。同时与新媒体密切配合，利用各种线上平台建立网上营销渠道。通过"苏韵乡情"乡村休闲旅游手机App、农技耘App、省厅官网等各种途径，加强江苏品牌农产品的推介传播。

三是聚焦目标市场精确营销。鼓励引导江苏农业品牌在北京、上海、南京等地开设各类旗舰店、零售店、专卖店，扩大品牌影响力，拓宽产品销售渠道。通过展会展示、线上销售、线下营销，为"苏"字号农业品牌持续赋能，全方位加强江苏品牌农产品的传播推广，极大地提升了品牌价值，提高了品牌知名度。

广东：推动"12221"+产业园全产业链打造品牌

近年来，广东省大力推进"12221"农产品市场体系建设，探索建立广东省乡村振兴文化服务产业园，形成徐闻菠萝、梅州柚、翁源兰花、遂溪火龙果、德庆贡柑、阳西程村蚝、澄海狮头鹅、惠来鲍鱼等一批农产品品牌创建有效实践，促成2020年广东荔枝丰年大卖、实现农民增产增收的良好结果。

一、聚焦品牌创建，"12221"模式助力优质农产品营销

一是探索"12221农产品市场体系"（以下简称"12221"）可复制可推广营销模式。"1"是指一个农产品大数据，以大数据指导生产、助力销售；第一个"2"是指两支队伍，即组织销区采购商队伍和培养产区采购商助理队伍，连接生产端与消费端；第二个"2"是指两个市场，即拓展销区市场和完善产地市场，进一步加强市场销售渠道的开发；第三个"2"是指两场活动，通过产销对接活动让采购商走进产区，了解产地情况、品种结构、品质结构，让区域公用品牌农产品走进大市场，开展销区市场专项营销行动，加强终端消费者对区域公用品牌的认知；最后一个"1"是指一揽子目标，即实现品牌打造、销量提升、农民增收等目标。

二是打造"12221"系列成功案例。"12221"体系发端于徐闻菠萝。2019年徐闻菠萝大量上市，为解决销售难题，当地采取了大数据建设、采购商经纪人培训、产销对接等一系列行动，有效破解菠萝卖难问题，熟果价格稳定在2元/千克，比往年有大幅提升。经过近两年的探索和推

广,"12221"模式助力梅州柚、翁源兰花、遂溪火龙果、德庆贡柑、阳西程村蚝、澄海狮头鹅、惠来鲍鱼等区域公用品牌的市场营销,取得了良好成效(图18)。2020年,通过"12221"体系营销,广东荔枝大放异彩,上天、上屏、上车、上船、上热搜、上直播,140万吨广东荔枝卖出好价钱(图19)。在荔枝上市季期间,仅高州根子镇收入就增加了10多亿元。在多方努力下,2020年广东荔枝"12221"体系建设实现了"渠道多了、价格好了、线上火了、国际通了",荔枝产区果农由衷地感叹"2020年是卖荔枝30年来最有尊严的一年!"

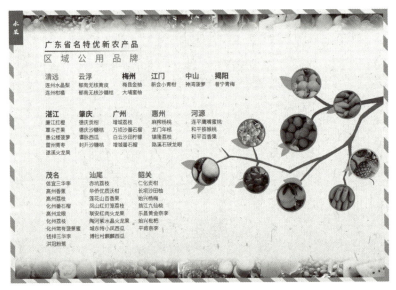

图18 广东省名特优新农产品区域公用品牌

图19 世界首架"荔枝号"全彩绘飞机——"广东荔枝号"

三是"12221"与数字农业融合。2020年新冠疫情初期，广东省农业农村厅以"12221"体系为行动指南，组织各方力量建设广东农产品"保供稳价安心"数字平台（以下简称"保供平台"），通过"线上直播＋产销对接"等方式，有效破解疫情带来的农产品滞销等问题；实施"百万农民线上免费培训工程"，通过"线上培训＋线下实践"，为生产端提供种植技术、田间管理、市场动态等最新资讯，在生产端抓好品种筛选、品质改良、标准生产与管理等一系列工作。2020年12月，广东省成功创办世界数字农业大会，为"12221"体系建设插上数字科技的翅膀，利用"数字技术＋虚拟现实"，打通线上通道，推动广东优质农产品出村进城、火出圈外，为农业品牌发展提供了更多机遇。

二、汇聚资源要素，文化服务产业园赋能农业提质增效

2020年11月，历时两年筹备的广东省乡村振兴文化服务产业园获批（以下简称"文化服务产业园"），这是全国首创的服务型产业园区，也是对农业产业发展短板的重大突破。文化服务产业园的定位是以文化挖掘、文化创意、文化传播和市场营销等手段赋能农业及品牌，为广东省现代农业产业园提供一体化的文化服务。它重点围绕品牌服务业搭建公共平台，集聚产品、品牌、人才、机构等要素，着力打造全省现代农业产业园的"园中之园"，既服务于全省现代农业产业园发展，也服务于全省乃至全国现代农业高质量发展。

文化服务产业园构建四大聚集，探索现代农业高质量发展长效机制：

一是产品聚集。文化服务产业园集中展示全省160个省级现代农业产业园的区域公用品牌，通过对接外界的设计、营销、创意、规划等资源，推动区域公用品牌创建行动，提升广东省现代农业产业园农产品的品牌影响力、竞争力、号召力。

二是品牌聚集。文化服务产业园聚集了一批国际品牌、全国品牌、区域品牌、线上品牌，通过打造品牌展馆，集中展示，借鉴全球农产品品牌案例，为"粤字号"农产品创建提供更多的成功样本。

三是人才聚集。通过品牌设计大赛、短视频创意大赛等形式，汇聚创意设计、营销推广、网络直播、短视频制作、品牌咨询等方面的人才入驻文化服务产业园，长期服务于广东农业。

四是机构聚集。文化服务产业园邀请了知名电商平台、渠道平台、科研院校、品牌营销机构、文化创意公司等入驻，满足全省各地现代农业产业园的品牌创建需求，促进双方交流与合作。

文化服务产业园衍生五大功能，探索现代农业产业园高质量发展新模式。围绕省级现代农业产业园开展"12221"体系建设，文化服务产业园衍生了五大功能（图20）：

一是展示功能。集中展示广东现代农业产业园在品牌创建、市场营销、消费体验等方面的成果。

二是培训功能。培训了一批"网络直播+短视频营销"的人才以及本地经纪人。

三是交易功能。依托"保供平台"实现消费者在线购买，依托科创中心实现科研成果交易转化。

四是孵化功能。汇聚农产品文创、策划、营销、规划等要素，以孵化更多的现代农业人才和机构，支撑"12221"广泛实践应用。

五是交流功能。通过开展"12221"体系建设，加强了粤陕、粤黔、粤黑等省际合作，推动了"南果北上，北果南下"。

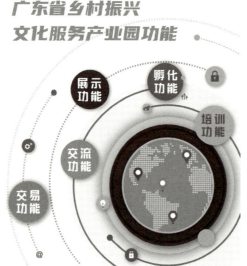

图20　广东省乡村振兴文化服务产业园的五大功能

三、农业品牌目录，推动区域公用品牌全链条管理

广东实施农业知名品牌创建行动，面向社会发布"粤字号"农业品牌目录，推动区域公用品牌、企业品牌、产品品牌融合发展，围绕"12221"体系建设，形成"一个优势产业，一套标准体系；一个公用品牌，一套名录管理；一批核心企业，一系列品牌产品"的区域公用品牌全链条管理实践，初步形成广东荔枝、广东菠萝等一批省级区域公用品牌的打造和产业升级。通过一系列的市场营销行动有力支撑、加快推进农业供给侧结构性改革，破解农产品买难卖难、产销对接机制不紧密、供需关系不平衡、利益机制不稳定等突出问题，切实有效推动农业农村经济高质量发展。

广西：塑强省域品牌形象 打造产业品牌联合体

广西壮族自治区在农业品牌建设中，积极推进品牌创建机制改革创新，探索"一县一产业一品牌一联合体"发展模式，打造农业产业化品牌联合体，推进农民持续增收，助力实现乡村振兴。目前，广西农业品牌目录共选定品牌285个，品牌总产值达1 065.7亿元，依托中国和广西特色农产品优势区建立农业产业化品牌联合体42个，年产值超过650亿元，占广西农业品牌总产值的61%。基于品牌建设成效显现，2020年广西成为全国农产品销售最顺畅的省区之一。

一、做强农业品牌，引领特色产业提档升级

广西坚持以成为中国高端农产品品牌引领者为目标。以绿色食品为准入门槛，建立农业品牌目录，策划打造"广西好嘢"品牌总体形象标志，引领特色优势产业提档升级（图21）。2018—2020年，三批次的广西农业品牌目录精选品牌285个，其中农产品区域公用品牌63个、农业企业品牌79个、农产品品牌143个，带动农村就业856万人，其中带动贫困人口就业325万人。坚持高水平推进品牌培育，委托全国知名品牌策划机构开展品牌策划推介，以特色农产品优势区为抓手，全面推进广西六堡茶、八步三华李等42个特色品牌的策划并取得显著成效。在首批中国农业品牌目录中，广西共有11个品牌上榜，位居全国前列。

图21　广西农业品牌目录部分入选品牌

二、推进联合经营，打造规模品牌建设主体

广西以农产品区域公用品牌为纽带，以特色农产品优势区为载体，按照"一县一产业一品牌一联合体"发展模式，打造了42个品牌联合体，推动种养、加工、流通等环节的几十个新型农业经营主体联合经营，经营规模从联合前的年均1 500万元提升至联合后的6亿～8亿元，涵盖了所在县所属产业35%以上的种植（养殖）规模，农产品价格和品牌价值普遍提升20%以上，品牌溢价效果明显。以"永福罗汉果"为例，该品牌聚集28家主体，成立了广西永福"福中福品牌联合体"，联合前各主体力量分散，单个企业年产值仅为690万～3 900万元不等，联合后覆盖全县罗汉果40%的生产规模，产值达8.1亿元，联合经营仅一年产值便达到11亿元，成为在全国罗汉果市场有影响力的市场主体。

三、统一品牌标准，带动广西品牌消费升级

为解决农产品销售"无品牌、无标准"两大痛点，广西品牌联合体

普遍推行"六统一"，即统一产品标准、统一品质管控、统一品牌策划、统一标识管理、统一价格体系、统一市场营销，建立品牌产品经营网络，在集中销售地建立品牌门店，让消费者投诉有门、索赔有地，以高品质服务赢得消费者信任。以横县茉莉花为例，2017年以前在北京新发地农批市场销售额有10多亿元，由于品牌不强，商家不愿使用横县品牌。2018年以来，经引进专业机构统一品牌策划、统一品牌标志、统一标志管理，建立市场指导价格体系，在北京等主要市场设立1 000多家品牌经营店，大力开展品牌宣传推介，经过3年打造，与横县政府和企业签订战略合作协议的商家大大增加，带动茉莉花地头收购价从2018年的18～20元/千克提高到30～38元/千克，亩均增收近万元。

四、建立托市机制，增强品牌主体风控能力

由于农业主体规模小、抵御市场风险能力弱，产业发展和农民收入经常受到影响。广西引导品牌联合体建立托市机制，发挥市场风控主力军作用。联合体通过收集、整理、发布全国同品种农产品信息，制定产品价格体系和价格策略，根据市场情况及时启动托市机制。以容县沙田柚为例，特级果55元/千克、一级果35元/千克、二级果20元/千克、三级果10元/千克，当二级果售价低于10元/千克，品牌联合体即启动托市机制。2020年，罗汉果价格大幅下跌，小、中、大果分别跌至0.2、0.35、0.5元/只，联合体及时发布小果0.35元/只的收购价格，同时将掌握的全县40%的订单有计划抛购，果价很快升至0.8元/只，最高达1.2元/只，增加了果农对品牌联合体的信任度。

五、数字化供应链，提升品牌联合体新动能

2020年，广西农业农村厅与顺丰集团签订战略合作协议，以广西农业品牌为依托，合作建设"广西好嘢"顺丰丰农产地仓，成为全国第一个大规模推进数字化产地仓建设的省区。2021年1月广西正式成立"广西好嘢"供应链服务有限公司，成为全区最强、最大的品牌联合体牵头

主体。目前"广西好嘢"顺丰丰农产地仓已有第一批28个县项目落地并顺利推进，2021年计划全区建设农产品数字化产地仓100个，年营业额预计达到20亿元，争取到2025年建设200个，营业额度超300亿元。广西农产品数字化产地仓的建设加快提升全区高品质农产品现代化供应链的建设水平，为广西品牌联合体增添活力。

六、强化综合保障，营造品牌主体发展环境

一是强化政策支撑。广西先后出台《加快推进广西农业品牌建设的指导意见》《广西壮族自治区农产品品牌目录制度》《加快推进广西现代特色农业高质量发展的指导意见》《广西壮族自治区农业品牌标识授权使用管理办法》等文件，形成全区上下重视和推动农业品牌发展的浓厚氛围（图22）。

图22　第三批广西农业品牌目录遴选情况通报会现场

二是强化财政保障。自治区每年划拨5 000万元用于广西农业品牌目录中63个区域公用品牌的媒体宣传，明确特优区项目经费不少于30%用于品牌建设，落实地标品牌保护经费4 000万元用于品牌策划打造。2020年，广西农业农村厅安排300万元用于在全国头部新媒体开展品牌宣传。

三是强化品牌宣传。2019、2020年在央视和广西卫视《新闻联播》前开展"广西好嘢"品牌形象宣传。连续4届广西农交会组织"市

长品牌推介"、农业品牌目录发布仪式等广西卫视现场直播活动（图23）。在广西电视台开设"县长书记讲农业品牌故事"节目，并在多家新媒体开展矩阵宣传。

图23　"市长品牌推介"活动

四是强化网络营销。把品牌联合体打造与信息进村入户紧密结合，推进"互联网＋"品牌农产品出村进城工程，打造一批知名品牌、"网红"品牌，2020年农产品销售价格提升20％，农产品电商交易额达190亿元。

云南：构建"10大名品"体系
引领高原特色农业高质量发展

为做强高原特色现代农业，云南省立足资源多样性，做出打造世界一流"绿色食品牌"的重大决策部署，形成了"大产业+新主体+新平台"的总体发展思路，推出了"抓有机、创名牌、育龙头、占市场、建平台、解难题"六大工作举措，将"10大名品"创建作为打造世界一流"绿色食品牌"的重要抓手，每年从茶叶、花卉、蔬菜等优势特色重点产业中评选出好质量、好口碑、好效益、好潜力的"四好""10大名品"，引导和激励云南农业经营主体积极创建企业品牌和产品品牌，提升云南高原特色农产品在国内外的知名度和影响力。

一、完善制度设计，构建"10大名品"体系

一是完善标准体系。2018年以来，相继发布了《云南省绿色食品"10大名品"管理办法》《云南省绿色食品"10大名品"评选管理办法（试行）》和《云南省绿色食品"10强企业""20佳创新企业"评选管理办法（试行）》。完善评价标准体系，在以质量、市场、效益和发展潜力为主评价因子的基础上，结合申报主体实际、市场需求变化和政策导向，对评价标准体系不断进行修正完善。

二是严把过程关。提升专业平台权威性，遴选独立的第三方机构负责评选服务，并引入多家专业机构，开展市场大数据分析、舆情研究等工作，确保评选结果经得起市场检验。申报的真实性和申报主体的合法合规性经县区、第三方平台、省级17个部门三级把关。评选过程委托专业公证机构现场公证，保障评选活动的公开、公平、公正和透明；评

选结果向社会公示并经省政府常务会议和省委常委会议最终审定；评后强化质量例行监测和抽查，对出现问题的品牌及时作出整改和追责等处分。评选全流程严格把关，确保政府背书的公信力。

三是给予资金奖励。2020年云南省财政加大对获得"10大名品"企业的奖励力度，在前两年的基础上，对获得"10大名品"第一名的企业奖励增加100万元，第二名奖励增加110万元，第三名奖励增加100万元，第四至十名奖励增加90万元。在丰收节当天，省四大班子相关领导出席表彰活动并为获奖企业颁奖，充分彰显省委省政府对农业品牌发展的高度重视和对品牌企业的激励与支持（表1）。

表1　2018—2020年云南省"10大名品"奖励资金兑付表（单位：万元）

年度	第1名	第2名	第3名	第4～10名	合计
2018年	100	50	30	10	1 250
2019年	100	50	30	10	1 250
2020年	200	160	130	100	5 850

四是开展广泛宣传。首先，进行主流媒体宣传。评选过程中，云南主流媒体积极开展热点播报。获奖结果公布后，主流媒体围绕特色品牌文化故事开展挖掘式深度报道，不断扩大活动影响范围（图24）。其次，突出新媒体宣传。人民网、新华网等权威媒体对"10大名品"全过程跟踪报道，增加社会公众的参与度，扩大云南"绿色食品牌"在年轻消费群体中的认知。再次，强化自媒体传播。制作了"绿色食品牌""10大名品"宣传短视频，通过各类自媒体进行广泛传播。最后，扩大目标市场宣传。在目标市场的核心

图24　云南省"10大名品宣传推广活动"

地段，对"10大名品"进行线下宣传，为获奖企业和产品进入目标市场进行铺垫。

二、突出云南特色，推动高原农业品质提升

2018—2020年，"10大名品"日趋规范，社会关注度日趋提升，参与主体日趋增多。2020年"10大名品"申报企业300个，较2018和2019年分别增加64.8%、30.4%（图25）。参与主体实力不断增强。2020年，50个"10大名品"主体共实现营业收入208.6亿元，较上年增长176.7%。美国、荷兰等国家的一些国际知名企业参评并入选"10大名品"，国际化和品牌化效应初步彰显。

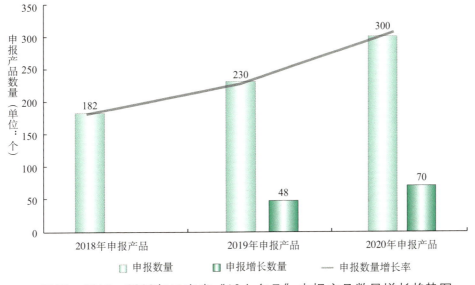

图25　2018—2020年云南省"10大名品"申报产品数量增长趋势图

一是加快绿色发展步伐。截至2020年11月30日，云南省有机产品获证主体达953家，全国排名升至第3位。证书量1 365张（2 723个产品），较2019年增长16.8%，全国排名升至第3位。其中有机茶认证证书量和认证面积全国第一，蔬菜和水果的认证面积名列前茅。全省绿色食品有效获证企业达565家，获证产品2 060个，同比增长18.3%，有效获证产品数量达全国第7位。全省"三品一标"有效认证（登记）产品总量6 252个。

二是助推市场渠道拓展。通过品牌打造，吸引国内外大型农产品流通企业和商超主动与云南名品名企对接，开展多种方式的购销合作，百果园、盒马鲜生建立直采直供直销基地。2020年，在疫情影响背景下，"10大名品"销售仍实现了正增长，90家获奖主体的平均利润较2019年增长46.47%。

三是带动企业发展壮大。2020年，90家"10大名品"获奖主体共实现营业收入280.95亿元，其中，营业收入亿元以上企业23家，10亿元以上企业3家、100亿元以上企业1家。3年来，获奖企业营收年均增长10.2%。

四是促进行业抱团发展。"10大名品"已注册统一的"绿色食品牌"标识，并建立了统一的质量管理和追溯平台（图26）。全省相继组建了"10大名茶"联盟、云南名花基地联盟等产业联盟。与此同时，云南农业正在对资源共享、机制共建、市场共拓、风险共担的品牌集群化发展之路进行探索。

图26　云南省"绿色食品牌"统一形象标志

三、着眼未来发展，优化"10大名品"发展路径

为进一步推动云南"10大名品"走出云南，未来重点围绕以下四个方面持续发力。

一是优化组织方式。计划在全国范围内遴选一流品牌权威机构作为云南省"绿色食品牌"创建工作的固定第三方服务机构，推进相关工作的常态化运作，推进企业、产品、品牌一体化建设，坚持以基地、企业、产品等关键要素为品牌的核心支撑，全面提升品牌市场核心竞争力。

二是适度扩大范围。在连续三年聚焦茶叶、花卉、蔬菜、水果、坚果和中药材6个产业的基础上，计划将粮油、畜禽、咖啡等云南优势特色产业一并纳入评选范围，实现高原特色农业的整体品牌化打造，进一步发挥品牌在现代农业发展中的引领带动作用。

三是全面加强推介。加强与权威主流媒体和新兴媒体的战略合作，高质量制定云南"绿色食品牌"的系统性品牌传播和推广方案，强化整体品牌的持续性和常态性传播。推进云品与云旅结合，逐步在云南主要机场和5A级景区设置名品展销网点。抢抓"《生物多样性共约》第十五次缔约方大会（COP15）"在云南召开的机会，组织"10大名品"企业多角度、全方位推介宣传，彰显打造世界一流"绿色食品牌"工作成效。深化与各类销售平台的合作，线上线下共同推进云品销售和渠道拓展。

四是强化品牌监管。完善"10大名品"管理，严格准入、监督、管理、违规处理和退出机制，用公开、公平、公正的管理机制推进正向舆论导向的形成；用规范的制度和严格的质量监管，确保"10大名品"品牌体系在市场端形成安全、优质、绿色的好口碑。

甘肃：加快培育"甘味"品牌
做强丝路寒旱农业

近年来，甘肃省坚定不移走"寒旱农业—生态循环—绿色产品—甘味品牌"的发展路子，推动现代丝路寒旱农业高质量快速发展，加快培育"甘味"知名农产品品牌，全力推进品牌强农，将"甘味"品牌建设作为甘肃现代农业优势特色产业发展的重要引擎，建立并完善了"甘味"品牌体系，征集发布了"甘味"农产品品牌目录，携手新华社将"甘味"品牌纳入"民族品牌工程"并予以推广，开展了"甘味"品牌系列宣传活动和"甘味"农产品展示展销、洽谈签约、成果发布等活动，在大力度、全方位、多层次宣传推介下，"甘味"品牌的影响力和认可度明显提升，品牌效应逐步显现。

一、统筹谋划，建立完善品牌体系

甘肃省高度重视"甘味"农产品品牌培育，省农业农村厅领导重点关注、推动落实。2019年，省政府出台了《关于进一步加强两个"三品一标"建设打造"甘味"知名农产品品牌的实施方案（2019—2023年）》，提出大力实施品牌营销战略，全面构建省、市、县三级农产品区域公用品牌和企业商标品牌协同发展、互为支撑的"甘味"知名农产品品牌体系（图27）。同时，省农业农村厅制定印发了《甘肃省"甘味"农产品品牌认定管理办法（试行）》，进一步完善了品牌认定管理体系。

图27 甘肃农业品牌整体形象

二、组织遴选，征集发布品牌目录

通过组织全省各级农业农村部门进行申报，结合绿色、有机和地标农产品认证情况，筛选出50个区域公用品牌和150个企业商标品牌，涵盖全省"牛羊菜果薯药"六大特色产业及地方主要特色农产品，形成了第一批《"甘味"农产品品牌目录》，同时组织专家评审，从目录中选出了在"甘味"品牌互认、互促、互宣中成绩突出、支撑有力的部分区域公用品牌、企业商标品牌进行奖励表彰，在全省上下营造了"你中有我、我中有你、互认互宣"的良好氛围（表2）。

产业	表2 "甘味"农产品区域公用品牌
	区域公用品牌
牛	天祝白牦牛、平凉红牛、河西肉牛、甘南牦牛、庆阳早胜牛
羊	靖远羊羔肉、东乡贡羊、民勤肉羊、环县羔羊肉、甘南藏羊、山丹羊肉
菜	兰州高原夏菜、河西洋葱、甘谷辣椒、武山韭菜、金塔番茄、甘州娃娃菜、永昌胡萝卜
果	静宁苹果、天水花牛苹果、庆阳苹果、和政啤特果、景泰条山梨、秦安蜜桃、敦煌葡萄、秦州大樱桃、瓜州蜜瓜、民勤蜜瓜、敦煌李广杏、皋兰软儿梨
薯	定西马铃薯
药	岷县当归、渭源白条党参、陇西黄芪、文县纹党
地方主要特色农产品	陇南油橄榄、兰州百合、永登苦水玫瑰、武都花椒、会宁小杂粮、天祝藜麦、靖远枸杞、陇南绿茶、康县黑木耳、成县核桃、会宁胡麻油、临泽小枣、张掖食用菌、庆阳黄花菜、民乐紫皮大蒜

三、多措并举，开展品牌宣传推介

2020年，甘肃省农业农村厅制定印发《"甘味"农产品品牌宣传推介工作方案》，坚持以公益性与商业性、传统媒体与现代媒体、线上与线下、政府与企业、省内与省外、省级与市县"六个结合"的方式，全方位、宽领域、多层次地开展了系列"甘味"品牌宣传活动。

借助展会促宣传。为实施好"甘味"品牌营销战略，在省委省政府的直接推动和社会多方联动下，广泛开展了系列品牌推介和产销对接活动。2019年，省领导先后赴江西参加第十七届中国国际农产品交易会和中国农业品牌建设高峰论坛，向国内外客商隆重推介了"甘味"农产品。2020年，省领导赴上海参加"甘味"品牌消费扶贫宣传周活动，面向长三角推广"甘味"优质农产品。2020年甘肃特色农产品贸易洽谈会上，重点开展了甘肃特色农产品展示展销活动和"甘味"农产品评价体系品牌推介暨洽谈签约仪式。在第十八届中国国际农产品交易会上，省农业农村厅邀请40余家省外采购商和60余家省内骨干企业代表参加了"甘味"农产品产销对接座谈会，宣传推介了"甘味"农产品，并在中国国际农产品交易会上发布"甘味"户外广告。此外，还通过召开甘肃省"甘味"农产品品牌目录发布会暨消费扶贫宣传推介活动，对入选目录的品牌进行公开发布和重点宣传推介（图28）。

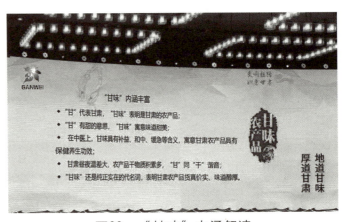

图28　"甘味"内涵解读

联合媒体广宣传。2019年12月，省领导赴新华社共商"甘味"品牌宣传推介大计，甘肃省政府与新华社签署了"民族品牌工程"战略合作框架协议。省农业农村厅联合新华社甘肃分社向全社会有奖征集品牌标志和广告语，在征集筛选的2 000余条广告语中，最终确定"厚道甘肃，地道'甘味'"作为"甘味"品牌主推广告语。利用新华社和甘农传媒广告资源，制作了数说"甘味"小视频和画册，在各类传统媒体和新兴媒体上推介"甘味"农产品品质评价结果。组织省电视台拍摄了"甘味"品牌广告片和宣传片，协调省内机场、高铁等人流密集区域的电子大屏持续播出，并组织各级农业农村局、农业教学和科研部门、各类涉农单位、农业企业、厅属各单位等积极在官网、微信公众号等线上平台和各类展销活动、办公场所播放专题宣传片，持续营造全省上下宣传"甘味"的良好氛围。

线下线上齐宣传。通过充分发挥省农业扶贫产业产销协会及九大产业协会的资源优势，在北京、广州、深圳、重庆、兰州等地开设了"甘味"品牌馆，并积极筹备在上海、兰州等地开设多家展销馆。同时，联合阿里巴巴、京东、拼多多、字节跳动、快手科技等公司开展了"甘味"直播电商带货大赛和百名"网红"代言家乡"甘味"抖音短视频大赛等线上宣传活动。2021年1月，省农业农村厅与新华社甘肃分社、甘肃农垦集团在兰州西关核心商圈启用了"甘味"农产品兰州展销直播中心，组织首批150家"甘味"品牌授权企业和产销协会骨干企业入驻，新华网、省农垦集团、省扶贫产业产销协会联合组建的"甘味"品牌推广运营中心正式揭牌运营（图29）。各地"甘味"品牌馆和"甘味"农产品兰州展销直播中心、"甘味"品牌推广运营中心，已经成为展示推介甘肃特色农产品的桥头堡和主阵地。

图29　甘肃品牌农产品兰州展销直播中心

四、健全机制，引领品牌做优做强

下一步，甘肃省将大力发展现代丝路寒旱农业，全面实施"甘味"品牌营销战略。坚持上下联动，不断建立健全各级"甘味"品牌建设工作专班和推进机制；坚持品质至上，夯实以绿色有机产品为方向，以产地环境评价、营养品质评价、质量安全追溯和标准化生产等四大体系建设为保障的"甘味"品牌品质支撑体系；坚持互促共享，持续提升以"甘味"公用品牌为统领，地方公用品牌和企业商标品牌为支撑的品牌培育体系和互认互宣的开放机制，有计划、有重点，多形式、多覆盖地开展宣传推介活动，让"甘味"品牌家喻户晓；坚持培育"甘味"文化，不断挖掘"甘味"品牌文化内涵，塑造品牌文化价值，打造一批"甘味"金字招牌，进一步提高"甘味"农产品的市场影响力和核心竞争力，更好地满足广大消费者对天然有机、绿色化、特色化、多样化"甘味"农产品的需求。

宁夏：借力"互联网＋"助推品牌强农

宁夏回族自治区深入实施品牌强农战略，加快推进农业供给侧结构性改革，突出特色、提升价值、打造品牌，大力发展优质粮食、现代畜牧、葡萄酒、枸杞、蔬菜等特色优势产业，坚持质量兴农、品牌强农战略，深入实施"互联网＋"农产品出村进城工程，积极推动从农产品生产小省区到品牌农业强省区的转变。

一、坚持顶层设计，激活农业品牌

一是规划引领。编制《全区农业品牌提升行动实施方案》《宁夏数字乡村三年行动计划》《"互联网＋"农产品出村进城实施方案》，加快推进布局区域化、经营规模化、生产标准化、发展产业化，提高流通组织化程度，积极培育农业农村发展新动能，切实把"枸杞之乡"等区域公用品牌推广好。

二是数字赋能。依托农业产业化龙头企业等新型经营主体，以"两品一标"、农产品全程质量数字追溯为载体，创建农业标准化生产示范区，推动农产品质量等级化、包装规格化、产品品牌化，把宁夏享誉盛名的"原字号""老字号""宁字号"农产品品牌打出去。

三是信息联网。以提升农产品产地商品化处理能力为着力点，以特色优势区、特色优质鲜活农产品主产地批发市场信息网络建设为重点，构建特色农产品供应链体系，推进城市高效流通体系与农产品生产基地紧密对接，健全城乡一体流通网络。

二、发挥电商优势，打造网红品牌

一是搭建农村电商平台。进一步发挥宁夏农村电商综合服务平台的作用，建立农产品市场营销数据库，通过动态采集的方法，对天猫、"乡味宁夏"微信公众号等第三方平台与宁夏农村电商联合会会员企业产品的产品信息进行采集、汇总与分析，找准产品主销区域、消费群体结构以及消费群体喜好，指导生产经营主体进行产品开发、包装设计、广告投放等营销工作（图30）。

图30　宁夏农村电商综合服务平台

二是对接知名电商平台。宁夏农村电商综合服务平台与一点资讯、淘宝等平台进行合作，探索"互联网+"特色农产品销售新模式，推动"农业+电商"线上线下资源全面对接，让直播卖货打开农产品"新销路"，让手机成为"新农具"，数字成为"新农资"。截至2020年，宁夏农村电商综合服务平台成功入驻苏宁、拼多多等8个平台，累计入驻商家152家，上线农产品834款，产品涵盖9大品类，实现销售收入6.55亿元。

三是开展网络带货销售。2020年5月，举办"百企千村"特色农产品线上直播带货活动，政府分管领导及30位新型经营主体负责人齐上阵，展示推介宁夏特色农产品，助力宁夏特色农产品"触网"进城（图31）。仅4个小时的直播带货活动达成销售17 209单，实现销售额103.3万元，累计观看156.7万人次。2020年，宁夏农村电商综合服务平台完成营销策划166场、直播助农活动135场，销售额550余万元。

图31　"百企千村"特色农产品线上直播带货活动

三、借力产业融合，扩展品牌影响

一是借力市场资源。 坚持把品牌建设与国家特色农产品优势区创建紧密结合起来，大力培育品牌农业建设主体，扶持和鼓励具有较强开发、加工及市场拓展能力的重点龙头企业利用品牌资源进行扩张和延伸。修订宁夏特色优质农产品品牌目录，制作以"这是宁夏的好东西"为主题的宁夏特色优质农产品品牌名录。

二是借力平台优势。 积极开展与京东集团的战略合作，共建特色农产品产业带，2020—2023年将向京东超市引入宁夏农副产品企业100家，打造年销量破亿元品牌20个。搭建宁夏农副产品溯源防伪体系，未来3年争取帮助宁夏50～100家农产品企业实现产品全程可追溯。共同制定、发布和使用宁夏枸杞地标专用标志，合力打造宁夏枸杞金字招牌。

三是借力特优区建设。 持续推进中国特色农产品优势区创建，做强13个农产品区域公用品牌、做大30个知名农业企业品牌、做优40个特色优质农产品品牌。2019年，共有8个品牌入选全国农产品区域公用品牌目录，4个优质农产品入围中国区域农业品牌影响力排行榜，进一步提升了宁夏优质农产品在国内外的知名度、美誉度和影响力。

四、线上线下融合，提升品牌名气

一是用好展会平台。组织全区新型农业经营主体参与第九届宁夏贺兰山东麓葡萄酒博览会、浙江"宁夏客厅"展示展销等活动60余场次。参加第十八届中国国际农交会、北京农产品展销周、青岛农产品展示展销等活动，以展会促进品牌传播、品牌营销，让宁夏特色农产品走向全国。

二是讲好品牌故事。举办2020年宁夏中国农民丰收节、2020全国特色农产品经销商宁夏行等活动，通过市县长直播推介、主播带货等线上线下互动的形式，讲好宁夏品牌故事，着力提高宁夏特色农产品知名度，推动宁夏特色农产品走出去。2020年，全国特色农产品经销商宁夏行活动共落实农产品销售项目162个、签约项目75批，签约金额34.14亿元。

三是优化产销对接。大力拓展"乡味宁夏"微信公众号对外宣传功能，采取内外联动、线上线下相结合的方式，拓展销售渠道。在新冠肺炎疫情防控期间，打造"e点菜到家"和"e点菜媒"网络直销平台，拓宽供需渠道，覆盖银川市900多个社区、51万个家庭，让"菜农卖菜不出产地、居民买菜不出社区"，实现多方共赢。"e点菜到家"被中央应对疫情工作领导小组作为典型经验推广。

五、强化媒体宣传，加快人才储备

一是加强媒体推介。以"这是宁夏的好东西"为主题，加强农产品宣传推介，深入挖掘宁夏农产品文化内涵。在人流密集的公共场所开展"乡味宁夏"品牌宣传，开展落地游客短信推送。制作《寻味宁夏》《乡味宁夏》等专题片，连续两年在中央电视台开展宁夏特色优质农产品品牌宣传月、品牌精准扶贫等活动，充分利用新媒体传播渠道开展宣传推介，增强宁夏特色优质农业品牌在全国的知名度、美誉度和影响力（图32）。

图32 《乡味宁夏》专题片

二是加快人才储备。围绕农村电子商务发展，构建宁夏农业电商企业电商人才库。举办"涉农企业、专业合作社农村电子商务实用人才培训班""全区农业特色产业品牌培训班"和"农业企业品牌电商人才培训班"，累计培训学员700余人次。农村电商发展的人力基础不断夯实，农产品企业管理者专业理论水平、对电商领域认知水平和平台运营能力不断提升。

专　论

Monoscience

韩一军："双循环"新发展格局下农业品牌建设的思考

2020年，习近平总书记提出"双循环"新发展格局，党的十九大五中全会通过了"加快构建以国内大循环为主体、国内国际双循环相互促进的新发展格局"的国家规划建议。"双循环"新发展格局的提出，本质上是要将我国的经济发展格局由出口导向型转变为内需增长型（黄群慧，2021），以国内大循环为主体，集中力量解决供需不匹配、核心技术"卡脖子"等问题，优先满足国内需求，充分发挥我国超大规模市场和内需潜力的优势；在畅通国内大循环的基础上，促进我国更高水平地参与国际大循环，提高产业链供应链在全球的竞争力，促进我国经济实现高质量发展。

一、"双循环"新发展格局为农业高质量发展和农业品牌发展带来新机遇与新要求

"双循环"新发展格局的提出为我国农业高质量发展和农业品牌建设带来了历史性的机遇。

一是当前我国农产品内需规模和潜力巨大。我国人均GDP连续两年超过1万美元，2020年全国居民人均可支配收入比上年增长4.7%。

二是我国农产品需求结构快速变化。消费者对农产品的需求更加注重绿色、生态、健康，休闲观光等文旅服务品牌产品的需求也日趋增长。在农产品内需潜力巨大、消费变革升级的双重形势下，优质农业品牌将不断发展壮大，在优先满足国内优质农产品需求的基础上，畅通国内国际"双循环"，提升我国农产品的国际竞争力。

"双循环"新发展格局也对我国农业品牌建设提出了新的要求。当前我国农业存在生产水平低、产业链条短、加工程度低、市场发育不足等问题；高水平的种苗研发、精深加工技术水平低等"卡脖子"问题仍然制约着我国农业的发展。在新形势下，需要持续推动农业高质量发展和农业品牌建设工作。

二、充分认识农业品牌建设在"双循环"新发展格局下的重要作用

农业品牌建设贯穿于整个农业产业链条，应充分认识农业品牌在"双循环"新发展格局下的重要作用。

第一，农业品牌建设有利于畅通国内大循环。"双循环"新发展格局以国内大循环为主体，重点打通生产、流通、消费等多个环节，优先满足国内消费者对优质农产品的需求。通过农业品牌建设，在生产、加工环节，推进标准化生产、加工，保证农产品质量安全；在流通环节，持续加强农产品物流体系建设，尤其是农产品仓储保鲜冷链物流体系建设，打通"最先一公里"，确保农产品流通畅通；在消费环节，不断推出优质、安全、高效、生态的品牌农产品，增强消费者的品牌消费意识，让消费者购买到称心如意的高质量品牌农产品，在更好水平、更高层次上满足国内需求，畅通国内大循环。

第二，农业品牌建设有利于畅通国际大循环。在畅通国内大循环的基础上，通过推动农业品牌建设，持续提升农产品质量和知名度，赋予农产品独特的文化价值，不断塑强中国农业品牌，推动更多的中国优质农业品牌走向世界，畅通国际大循环，提升中国农业品牌的国际竞争力。同时，也鼓励国外优质农业品牌持续深耕中国市场，促进国内国际产业链、供应链、价值链深度融合。在推动中国农业品牌走向世界的同时，也能很好地向世界展现中华民族的智慧与文化。

三、"双循环"新发展格局背景下我国农业品牌建设存在的问题

我国农业品牌建设在进程加速的过程中也存在诸多问题，不能完全适应"双循环"新发展格局提出的新要求。

第一，在生产环节缺乏质量支撑。首先是种源存在"卡脖子"问题，种业自主创新能力不足。我国种子与发达国家仍然存在差距，比如，玉米、大豆单产水平不到世界先进水平的60%；生猪的饲料转化率只有国际先进水平的80%。其次，我国农业品牌建设主体引领水平较弱。我国致力于农业品牌建设的大型龙头企业数量不足，现有企业多数缺乏资金和技术投入，发展动力不足。再次，我国农产品质量安全监管体系不够健全，在生产监管、市场准入等方面存在诸多漏洞，导致我国农产品生产质量参差不齐，难以保证农业品牌的长远发展。

第二，在流通环节缺乏精准高效衔接。一是我国农产品冷链物流体系建设不完善。我国由于冷链系统不完善，每年约有1 200万吨水果和1.3亿吨蔬菜被浪费。二是农产品物流成本偏高、损耗率大。我国农产品物流成本占比是发达国家的4倍左右，损耗率在20%左右（王国莹，2018）。三是我国农产品冷链物流信息化建设滞后，缺乏温度监控、仓储管理、运输管理等信息化设备。农产品流通环节的诸多问题导致产销对接体系不够畅通。

第三，在消费环节缺乏真正知名的农业品牌。我国农业品牌申报数量逐年增长，但具有高知名度的品牌相对较少，具有国际知名度的品牌更是稀缺，世界品牌500强名单中的中国农业品牌只有中粮和北大荒。目前国内农业品牌建设同质化、同类化现象比较严重，许多地区盲目跟风，产品质量参差不齐。另外，多数农业品牌后续维护和管理工作不到位，导致农业品牌难以发挥其消费引领作用。

四、"双循环"新发展格局背景下加快农业品牌建设的建议

"双循环"新发展格局对我国农业高质量发展和农业品牌建设提出了更高的要求。结合当前我国农业品牌建设存在的问题，提出如下对策建议。

第一，从生产源头加强质量管理，为农业品牌建设奠定坚实的质量基础。首先是注重品种培优，打好"种业翻身仗"。建好种质资源库，攻克种子的关键核心技术，健全我国的商业化育种体系，抓好国家种子基地建设。其次要建立健全品牌农产品的产品质量标准、生产标准、保鲜加工标准等标准体系。再次，要制定严格的品牌建设标准和品牌准入制度。在"双循环"新发展格局下，把好生产源头质量关，为农业品牌建设打好质量基础。

第二，加强农产品物流体系建设，为农业品牌建设畅通流通环节。首先是加强农产品流通基础设施建设，建立农产品仓储保鲜冷链物流技术指导和经营服务体系。其次，促进冷链物流向多元化、网络化、集约化方向发展，鼓励各主体探索新的模式。再次，加快农产品物流信息化建设。广泛应用信息技术，实现运输供求信息的共享，提升农产品物流信息化水平。

第三，不断提升农业品牌的引领能力，为农业品牌建设畅通消费环节。首先，做好农业品牌的顶层设计，为农业品牌建设制定科学发展方向，打造品牌文化，丰富品牌内涵。其次，借助现代化营销方式，做好国内外市场的品牌宣传。比如，农产品文化节、发布会、展销会等线下方式，电子商务平台等线上模式，同时，积极学习国外农业品牌国际化的经验，助力优势农业品牌走向国际化。

第四，重视农业高新技术的创新与应用，为农业品牌建设提速增效。技术创新是加快农业品牌发展的重要途径，是"双循环"新发展格局下的战略要求，政府应支持和鼓励企业等市场主体进行技术研发、创新和应用，强化农业科技支撑服务，助力农业品牌快速发展。

第五，从提升全球竞争力的高度来推进农业品牌建设，促使国内优

质农业品牌成为世界知名品牌。 在"双循环"新发展格局背景下，中国将会更加开放。我国农业品牌在优先满足国内需求的基础上，终将参与全球竞争，农业品牌的国际化将是知名企业战略布局的重要方面。政府应该更加积极主动地参与有关商标品牌的国际规则制定和修改，加强农业品牌事物的国际双边和多边合作；市场主体应充分学习各国的进口政策，利用中国国际农产品交易会等平台，助推农业品牌走向国际。同时，我国也欢迎更多的国外优质农业品牌进入中国市场，满足国内消费者多样化的需求。

陆　娟：如何从新"三品一标"建设认识农业品牌创新发展

　　2021年3月15日，农业农村部办公厅印发《农业生产"三品一标"提升行动实施方案》，为了与原来的"无公害农产品、绿色食品、有机食品、农产品地理标志认证"的"三品一标"相区别，我们称之为新"三品一标"建设方案。方案界定了新"三品一标"的含义，是指"品种培优、品质提升、品牌打造和标准化生产"；指出了"三品一标"提升行动的主要目的是保障粮食等重要农产品有效供给，既要保数量，也要保多样、保质量，以适应消费结构不断升级的需要；确定了新"三品一标"建设的基本原则是坚持质量第一、坚持绿色发展、坚持创新驱动、坚持市场主导；明确了新"三品一标"建设的目标任务是，到2025年，育种创新取得重要进展，农产品品质明显提升，农业品牌建设取得较大突破，农业质量效益和竞争力持续提高。新"三品一标"实施方案告诉我们，新时代农业品牌建设，必须以满足消费者需求、保障农产品有效供给为导向，以坚持质量第一、绿色发展、创新驱动为原则，培育知名区域公用品牌、产品品牌和企业品牌，促进农业质量效益和竞争力持续提高。事实上，新"三品一标"建设方案，为新时代农业品牌的创新发展指明了新方向。

一、更新品质提升理念与手段，打牢品牌建设基石

　　品牌是质量与安全的象征，质量是品牌的基石与成长的起点。在农业品牌建设中，我们一直非常重视品牌农产品的质量提升问题，提升的手段主要依靠推行绿色食品、有机食品、农产品地理标志认证以及质量

监管。新"三品一标"实施方案告诉我们，农产品质量的提升不能简单依靠认证与监管，我们必须以全新的科学观全方位认识影响农产品品质的关键要素，从本质上更新农产品品质提升的理念与手段。

事实上，农产品生长的地缘特性、农业生产的小杂散、农产品质量安全与人民生活的息息相关性，决定了农产品的质量应当包括由种类、种源、品种因素决定的基础（基因）质量，由生产、加工、运输等产业链因素决定的生产质量与产品质量，以及由市场推广、销售服务等市场因素决定的消费者感知质量。因此，我们在品质提升上也应该从这四方面着手：

一是加快推进品种培优，提升农产品的基础质量。农产品生长的地缘特性，决定了农产品品质根本上取决于农产品品种，所以农业品牌建设中的品质提升，首先应从品种培优开始。

二是加快推进标准化生产，提升农产品生产质量。为了克服农业生产小杂散带来的农产品质量难以控制的局面，必须通过推进标准化生产，来提升农产品整体质量水平。主要通过鼓励企业采用国际或国内先进标准，制定一套以品种质量标准、产地质量标准、农业投入品标准等为主的系列农产品质量标准体系，让农产品生产、加工、储存、运输、销售等各个环节都"有标采标、无标创标、全程贯标"。

三是深入推进认证与监管，提升农产品的质量安全水平。鼓励经营主体以获得食用农产品达标合格证为基础，进行绿色食品、有机食品、农产品地理标志认证，大力发展绿色农产品、有机农产品和地理标志农产品。同时，加强农产品质量和食品安全监管，严格农产品安全源头治理，强化农业投入品的监管，推进品牌农产品质量可追溯体系建设。

四是创新品牌推广手段，提升消费者的感知质量。通过产品与品牌的不断展示与推广，如中国农民丰收节、农业博览会交易会（中国国际农产品交易会、中国国际茶叶博览会等）、中国品牌日活动、农事节庆（油菜花节、草莓节、苹果节等）、产销对接会、水果大米等品牌大会等，消费者的品牌认知；通过高质量的品牌策划与宣传，如弘扬农耕文化、讲好品牌故事、完美的事件营销等，建立良好的品牌形象。在此基础上，通过细分目标市场，实施差异化营销，以较强的品牌价值感知，占领消费者心智，赢得消费者的认同，提升消费者的感知质量，进而激发消费需求，拓展消费。

二、创新品牌培育方式，加快品牌建设进程

农业品牌，是指涉农主体和机构在其生产经营活动中使用并区别于其他同类产品或服务的名称及标志，主要包括区域公用品牌、企业品牌和产品品牌。区域公用品牌是农业品牌的基础和根本，建设好区域公用品牌可以带动企业品牌和产品品牌发展，实现区域公用品牌、企业品牌、产品品牌的协同发展。为了加快农业品牌建设进程，实现新时代农业品牌建设的目的，保障粮食等重要农产品有效供给，适应消费结构不断升级的需要，农业品牌的培育创新可以从以下几方面进行：

一是培育一批地域特色突出、产品特性鲜明的区域公用品牌。在农产品种养优势区域，鼓励地方政府、行业协会、企业等，通过优势农业资源的挖掘与整合，以及规模化、专业化生产与产业化经营，培育一批地域特色突出、产品特性鲜明的区域公用品牌，以促进农业优势资源的有效利用与价值提升，推动产业转型升级与提质增效，提升区域产业竞争力，打好农业品牌建设基础。

二是培育一批"大而优""小而美"的有影响力的农产品品牌。在培育区域公用品牌的基础上，利用粮食生产功能区、重要农产品生产保护区和特色农产品优势区等建设基础，在具有大规模种养殖优势的地区，以绿色、优质为重点，通过农产品的多品类开发（如有机蔬菜、即食蔬菜、半成品蔬菜、可溯源蔬菜等）与产业链的纵向开发（如大米、米粉、米线、米咖啡、米洗涤剂、米沐浴液等）等进行产品创新，通过培育优良品种、改革种植模式（如章丘大葱品种提纯复壮、薄壳核桃品种改良）等进行技术创新，来培育具有特色优势的"大而优"或"小而美"的有影响力的粮棉油、蔬果茶、肉蛋奶、水产品等农产品品牌，以满足不断升级的消费者需求。

三是打造一批竞争力强的企业品牌。在龙头企业优势突出的地区，鼓励龙头企业加强自主创新，以全产业链一体化为主线，发展集生产、

加工、仓储、物流、贸易等为一体的农业企业品牌，以促进农业品牌的整体发展。

三、创新政府赋能机制，确保品牌持续健康发展

在新发展阶段，农业品牌建设的政府赋能机制创新，必须是坚持市场主导、企业主体、政府引导原则的长效赋能机制。要通过政府拥有的政策制度、标准与认证、产业布局、节日设定、平台搭建、部门协同等六大方式，赋能于农业品牌建设的品牌创建、品牌成长、占领市场三个阶段。

在品牌创建阶段，政府赋能点有两个，即引导品牌建设主体树立正确理念和着力提高农产品质量，以保证品牌建设的方向和提高品牌成长的起点。

在品牌成长阶段，政府赋能点有三个，即培育农业品牌创建主体、弘扬和保护农耕文化和营造农业品牌建设良好环境，以增强农业品牌建设主体力量、建立农业品牌文化沉淀、推动农业品牌建设快速发展。

在品牌占领市场阶段，政府赋能点有两个，即摸清需求指导生产、加强营销建立长效推广机制，以彻底解决农产品供需矛盾、引导需求、促进消费，提升农业品牌的知名度和美誉度，提高农业品牌市场竞争力。

根据这七个赋能点的目标要求，将六大赋能方式具体化，可以设计出一套相互关联的对各赋能点的赋能手段，其核心是建立一套科学合理、整合联动、符合品牌成长规律的长效赋能机制，从根本上确保农业品牌持续健康发展。

赵 霞：脱贫地区农产品区域公用品牌建设的现状、问题与对策分析

　　农产品区域公用品牌是指在一个具有特定自然生态环境、历史人文因素的区域内，由若干农业生产经营者共同使用的农产品品牌，由"产地名＋产品名"构成（农业农村部，2019）。农产品区域公用品牌建设不仅可以推动区域充分开发特色优势农业资源，推动特色优势农业产业发展，还可以通过推广先进的农业生产技术和现代农业经营管理方式提高经营主体的生产经营能力。此外，农产品区域公用品牌的建设可以带动区域整体农业产业链发展，为当地居民带来更多的就业机会和增收渠道。当前我国正处于完成脱贫攻坚任务、转向乡村振兴的新阶段，脱贫地区通过推动农产品区域公用品牌建设来促进当地农业产业转型升级，就成了当地实现产业兴旺、振兴乡村经济、促进农民增收的重要途径。近年来，国家高度重视农产品区域公用品牌对地区经济的拉动作用。自从2017年定为"农业品牌推进年"以来，我国农业品牌政策进入快速推进阶段，2021年1号文件强调要"推动品种培优、品质提升、品牌打造和标准化生产"，将农产品区域公用品牌建设工作提到新的战略高度。2021年是我国"十四五"的开局之年，在"十四五"时期，我国农产品区域公用品牌的建设必将迎来发展的"黄金期"！

　　为此，本文围绕脱贫地区农产品区域公用品牌建设的现状与问题展开分析，提出推动脱贫地区农产品区域公用品牌发展的对策建议，以期通过推动农产品区域公用品牌建设来更好地促进脱贫地区优势特色农业产业发展，促进脱贫地区脱贫攻坚与乡村振兴的有效衔接。

一、脱贫地区农产品区域公用品牌建设成效显著

近年来，贫困地区积极响应国家政策，依托本地资源优势，通过推动农产品区域公用品牌建设来促进当地特色农业产业发展，使贫困地区特色产业实现了从无到有、从有到优的跨越，农产品区域公用品牌建设工作成效显著，也推动贫困地区如期完成了脱贫攻坚的历史使命。

根据农交展会数据显示，2020年，全国832个国家级贫困县累计实施产业扶贫项目超过100万个，建成种植、养殖、加工等各类产业基地超过30万个，发展"两品一标"农产品近1.2万个，各贫困县都形成了2～3个特色鲜明、带贫面广的扶贫主导产业。涌现出赣南脐橙、庆阳苹果、百色杧果等优秀农产品区域公用品牌，"三区三州"深度贫困地区也形成了如凉山花椒、南疆林果、藏区青稞牦牛等特色农产品区域公用品牌。《中国农业品牌发展报告（2020）》对100家农产品区域公用品牌进行了价值评估和影响力指数发布，其中有29个农产品区域公用品牌来自国家级贫困县，如赣南脐橙、定西马铃薯、文山三七等。这些农产品区域公用品牌有效地促进了当地特色农业产业的发展，促使当地顺利完成脱贫攻坚任务，带动广大农户走上了产业脱贫致富之路。

二、脱贫地区农产品区域公用品牌建设工作仍然存在诸多问题

尽管脱贫地区农产品区域公用品牌建设工作取得明显成效，但在思想认识、发展基础、建设主体、监管保护、影响力等方面仍然存在诸多问题。

（一）对农产品区域公用品牌的认知和建设有待提高

从脱贫地区农产品区域公用品牌的建设情况来看，各地普遍重视品牌建设，但一些地方政府和市场主体缺乏品牌知识，缺少专业人才，对于如何培育和打造农产品区域公用品牌存在认知不清、思路不明的问

题。如一些地方政府认为打造农产品区域公用品牌，就是要打造覆盖全域、全品类的公用品牌；很多市场主体把品牌和商标混为一谈；脱贫地区的基层工作人员对于品牌维护和建设工作也缺乏充分的认知和清晰的建设思路。

（二）农产品区域公用品牌建设缺乏有力支撑

刚刚脱贫的深度贫困区多数特色农业产业仍然处于发展的初级阶段，在产品种植规模、生产标准化、龙头企业等主体带动等方面均缺乏对地方农产品区域公用品牌建设的有力支撑。以云南省德钦县为例，尽管该县有高原葡萄、优质野生蜂蜜、油橄榄、松茸、中药材和核桃等六大主导特色产业，但其生产布局分散、规模偏小，缺乏规模化种植、标准化生产，农户缺乏田间生产管理技术，产品质量参差不齐，难以支撑当地农产品区域公用品牌的建设工作。

（三）缺乏真正具有影响力的农产品区域公用品牌

脱贫地区农业品牌多以种植、养殖和初加工产品为主，产品同质性较强，存在低水平数量导向的建设倾向。多数农业品牌的文化内涵挖掘不够，像赣南脐橙和庆阳苹果这样国内外知名的农产品区域公用品牌很少，品牌杂、散、小、弱的问题比较突出，缺乏叫得响、立得住、拿得出的精品品牌，尚未形成品牌效应，品质优势也未能有效转化为市场优势。

（四）品牌产销对接不畅

脱贫地区多处于位置偏远、交通不便、基础设施相对落后的地域。农产品保鲜冷链基础设施薄弱，物流成本高是制约很多脱贫地区农产品顺畅销售的"瓶颈"，运输时间长、量少，短期内无法形成规模效应，难以实现品牌溢价、取得明显的经济效益。以四川美姑县为例，由于缺乏高速公路、道路蜿蜒曲折，交通极为不便。此外，当地缺乏保鲜冷链设施，生鲜农产品很容易变质，再好的特色农产品、区域公用品牌产品也很难实现溢价销售。

三、脱贫地区农产品区域公用品牌建设的对策建议

总体概括而言，一个农产品区域公用品牌的形成通常需要做到以下四点：第一，立足资源禀赋，选择一个独具地方特色的农产品；第二，在农产品区域公用品牌的建设过程中，持续改善农产品品质，提升品牌价值；第三，创新营销模式，不断提高农产品区域公用品牌的影响力。第四，在农产品区域公用品牌影响力不断提升的过程中，还要注重对品牌的保护。脱贫地区在农产品区域公用品牌建设过程中，同样也需要做好这四个方面。

（一）立足当地资源禀赋，科学制定品牌培育战略

在脱贫地区农产品品牌的培育中，切忌盲目追求品牌数量，要综合考虑地区特点、文化渊源等多方面的情况，以因地制宜的原则，选择具备地方特色的农产品重点发展。政府应该科学制定品牌培育战略，引导品牌产品合理布局，带动相关主体积极参与农产品区域公用品牌的建设工作。

（二）注重产品质量，不断提升产品附加值

农产品区域公用品牌要有知名度和影响力，必须以优良的品质做后盾。政府应发挥组织引领作用，加大对农业基础设施的投入，整合技术资源，引进专业人才，利用现代化技术，引导相关市场主体进行标准化、组织化和集约化生产。此外，政府和行业协会应建立严格的质量监管体系，制定质量检验标准，确保农产品的质量。农业企业要发展深加工产业，延长农产品产业链，提高农产品附加值，带动当地农产品上下游产业的发展。政府也要扶持和鼓励农民参与农产品生产，调动他们的生产积极性。

（三）打通营销渠道，实现产销对接

在农产品区域公用品牌建设过程中，需要重视农产品的宣传，畅通

营销渠道。政府可以利用区域资源，带头搭建运输平台，为农产品运输提供便利，把当地优质的农产品推销到更大的市场。同时市场主体要充分利用各类资源和现代媒介，创新营销方式，强化品牌宣传，不断提升品牌的知名度。

（四）政府与市场协同发力，做好品牌保护

农产品区域公用品牌具有公用性，需要完善的保护机制保障农产品区域公用品牌的信誉。政府和企业主体应协力合作，严格品牌准入。政府要充分发挥市场监管和制定规则的作用；企业要具有品牌保护意识，通过注册商标、品牌认证、推动品牌入选中国农业品牌目录等方式，积极维护品牌形象，依法进行品牌经营，不断提升其市场引领作用。

张　国：关于农业品牌建设的几个问题

　　品牌是质量、技术、文化、营销、服务的载体，是衡量和检验一个国家发展成就、创新环境、综合实力的重要标志，也是国家高质量发展的战略资源。

　　党中央、国务院高度重视农业品牌建设，近几年中央1号文件均对农业品牌建设工作进行了部署，提出了一系列促进农业品牌发展的政策举措。2017年1月，习近平总书记到河北张家口考察时讲，我国是乳业生产和消费大国，要下决心把乳业做强做优，生产出让人民群众满意、放心的高品质乳业产品，打造出具有国际竞争力的乳业产业，培育出具有世界知名度的乳业品牌。企业的品牌信誉非常重要，是一个不断积累的过程，既要有高标准，又要每一步都脚踏实地，尤其要一丝不苟地抓好饲料、养殖、加工、销售等环节，努力让品牌深入人心、赢得市场。2020年12月，习近平总书记在中央农村工作会议上提出，要深入推进农业供给侧结构性改革，推动品种培优、品质提升、品牌打造和标准化生产。新"三品一标"为我国农业品牌建设、品牌强农工作进一步指明了方向。

　　当前，各级政府对农业品牌建设高度重视，出台了一系列政策措施，社会各界对农业品牌建设的参与热度持续不减，举办的各类农业品牌营销活动异彩纷呈，农业品牌建设发展取得可喜成绩。实践证明，农业品牌建设释放了品牌就是信用、品牌就是信誉、品牌就是信任，品牌就是影响力、品牌就是竞争力、品牌就是带动力的巨大能量。对推进农业供给侧结构性改革、实现绿色发展、提高农业供给质量、促进农业增效和农民增收起到了非常重要的作用。

　　当前，我国经济社会正处在"两个一百年"的历史交汇期，在

"两个大局""双循环"形势下，农业农村工作也面临重大挑战、重大考验，如何构建新格局，推进大合作，实现大发展，巩固扶贫成果，实现与乡村振兴的有效衔接，如何推进农业优先发展、创新发展、绿色发展、高质量发展，实现农业农村现代化？以工匠精神持续做好农业品牌建设是不二选择。为加快推进品牌强农战略，我们要继续深化对农业品牌建设工作的认识，进一步理清政府与企业职责，会作为、善作为，避免走弯路。

一、准确理解农业品牌

农业品牌包括农产品区域公用品牌、企业品牌和产品品牌，基本涵盖了当下农业所有的品牌形态，但现实中对农业品牌的称呼却是五花八门，存在公私不分、政企不分的现象，这不仅误导了政府和企业，也会误导生产者和消费者。准确理解农业品牌建设发展规律十分重要，这能让我们更尊重科学、尊重规律，敬畏市场、敬畏名誉！这里重点说三个情况。

（一）农产品区域品牌与农产品区域公用品牌

区域与区域公用，一目了然，其核心是"区域范围""公用"。所以品牌主体是谁、品牌规模多大，界定很重要。对此，政府决策明确，可以有效调动企业主体活力、帮助消费者辨明真伪。区域公用品牌主体一般应为相关事业单位或能够代表区域共同利益的社会组织。

（二）地理标志农产品与农产品区域公用品牌

地理标志农产品认证是培育农产品区域公用品牌的重要基础，但不是所有的地理标志认证农产品都是农产品区域公用品牌，那些给企业的就不是。目前我国相关政府部门已经认证的地理标志农产品超过1万个，其中有超过70%认证给了企业，这部分地理标志农产品就不宜作为区域公用品牌来打造，因为企业不能讲"公用"，要讲效益，企业要是追求"公用"，则相关企业应该更名为社会公益组织。

（三）证明商标、集体商标与农产品区域公用品牌

这个问题很突出！中国农业大学前校长柯炳生先生形象地说，这是"一个孩子一个名"与"一群孩子一个名"的问题。显而易见，一群孩子一个名是可笑的。那么商标是什么呢，商标是品牌识别的基本法律标记，是品牌在法律上的形式体现。而品牌是指消费者对产品及产品系列的认知程度，包括数量、质量、技术、文化、营销和服务等内容。商标不是品牌！我国有近400万个农产品商标，能够叫得响的没多少。同样，证明商标、集体商标也不是品牌，更不是农产品区域公用品牌。这里的核心也是商标主体的资格、范围和要求，现实中有些证明商标、集体商标注册给了企业，有些未经政府主管部门批准备案就进行变更，背书式地持续扩大区域公用品牌的使用范围和使用企业，这既是对农产品区域公用品牌的滥用，也是对消费者的不负责任。

二、培育打造农业品牌

"书痴者文必工，艺痴者技必良"，培育农业品牌必须坚持工匠精神，持之以恒。对于企业品牌和产品品牌的培育打造，政府部门宜采取灵活包容的策略，加以引导和扶持。对于培育打造农产品区域公用品牌，政府部门要把握好三点：

（一）政策赋能

用好、用足、用活三农政策——把土地、金融、园区(粮食生产功能区、重要农产品生产保护区和特色农产品优势区、现代农业产业园等)政策向农产品区域公用品牌培育建设倾斜，将公用品牌的生产加工区域建设得更绿色、更优美；把农业科技推广服务、农产品仓储冷链物流、农业农村电子商务、生产经营主体培育、高标准农田建设等政策优先用于对农产品区域公用品牌的扶持，给品牌产品与获得使用授权的企业创造更好更优的发展环境，让他们的产品质量更好、企业信誉更高。

相关部门也要坚持及早研究、系统研判，统筹谋划，集聚创业创新发展的正能量，摒弃急功近利、急于求成。

（二）数字赋能

数据是有价值的资源，是最有魅力的财富，数据的作用是多元的。要树立数据思维，把握好数据的真实准确性、系统完整性和及时有效性，让数据的社会价值、商业价值能够实现！因此，要在数据的基础设施、标准规范、核心技术、智能装备和人才培育上下功夫。借助大数据中心，加快5G、物联网、大数据、云计算、区块链和人工智能等技术的应用，把农产品区域公用品牌相关数据的收集、清洗、存储、分类、分析、管理、使用、经营及数据再生利用串联起来，务实推进农产品区域公用品牌的数字化和产业化，使之成为数字农业发展的典范。

（三）监管赋能

政府部门要从本辖区的资源禀赋、特色优势出发，突出重点，实事求是，因时制宜、因地制宜，保护资源、保护特色，从发展的需求和产业效益出发，坚持"四个统一"，即统一顶层设计、统一授权管理、统一标准规范和统一监督保护，对消费者负责、对企业负责、对地区负责，坚持利益共享、风险共担、优胜劣汰的机制。对于假冒伪劣、坑蒙拐骗的违法行为，须予以追究严惩，维护农产品区域公用品牌的核心理念与内容，保护品牌使用主体的权益，让农产品区域公用品牌走得更远更好。

雷刘功：讲好农业品牌故事的四个维度

农业品牌既是农业高质量发展的重要引领，也是农业高质量发展的重要标志。农业品牌建设，很重要的一项工作就是要讲好故事。能不能讲好农业品牌故事，关系农业品牌能不能持续健康发展。本文从四个维度对讲好农业品牌故事进行阐述，也就是讲好"四个三"的故事，即"三生"共融的故事、"三品"共树的故事、"三体"共赢的故事、"三境"共治的故事，希望对讲好农业品牌故事有所启发。

一、讲好"三生"共融的故事

"三生"，就是生态、生产、生活，农业品牌形象内涵要体现"三生"共融的理念。

在生态上，在习近平生态文明思想的指引下，国家提出要建设人与自然和谐共生的现代化，加快建立绿色生产和消费的法律制度和政策导向，建立健全绿色低碳循环发展的经济体系。

在生产上，发展农业标准化生产，打造农产品区域公用品牌和特色产品品牌，完善全链条农产品质量安全监管体系；通过调整优化农业结构，加强绿色食品、有机农产品、地理标志农产品认证和管理，打造地方知名农产品品牌，增加优质绿色农产品供给。

在生活上，总书记提出"人们对美好生活的向往，就是我们的奋斗目标"；十九大报告提出，中国特色社会主义进入新时代，我国社会主要矛盾已经转化为人民日益增长的美好生活需要和不平衡不充分的发展之间的矛盾。良好的生态，为生产安全放心的农产品提供了绿色屏障；标准化生产，让老百姓"舌尖上的安全"有了切实保障；对美好生活的向往，凸显出农业品牌建设方面还存在短板。讲好"三生"共融的故事，就是要讲好绿色生态环境、先进生产方式、美好生活追求的故事。我国台湾地区有一个桃米社区，他们有一个理念，"生态环境绿色素，生产过程无毒素，美好生活零碳素"。这三个"素"，不仅展现了生态、生产、生活相互融合的理念，而且揭示了农业品牌塑造的复杂过程，同时还描述了建设美好生活也必然要解决农产品的安全健康问题。按照这样一种理念或者目标来打造我们的农业品牌、生产我们的农产品，必然会提高农业质量、效益和竞争力。应通过讲好"三生"共融在农业品牌塑造过程中的故事，促进人与自然和谐共生，促进现代农业发展，促进美好生活共享。

二、讲好"三品"共树的故事

这里提出的"三品"，是品质、品牌、品德，农业品牌形象内涵要体现"三品"共树的理念。

品质，是农业品牌建设对产品质量的内在要求。近年来的中央1号文件对此都有明确要求。2017年提出"走质量兴农之路"；2018年提出"制定和实施国家质量兴农战略规划"；2019年提出大力发展紧缺和绿色优质农产品生产，推进农业由增产导向转向提质导向；2020年提出"增加优质绿色农产品供给"；2021年提出新的"三品一标"：推动品种培优、品质提升、品牌打造和标准化生产。

品牌，简言之，是消费者对一个产品的综合体验及评价。2017年是"农业品牌推进年"，农业农村部大力推进农产品区域公用品牌建设；2018年开展"中国农业品牌提升行动"，遴选推介了一批叫得响、过得硬、有影响力的农业品牌；2019年通过强化农产品地理标志和商标保护，创响了一批"土字号""乡字号"特色产品品牌。

品德，实质就是信誉、诚信，就是品牌的诚信体系建设。品牌农产品，一定是有品质的农产品；但有品质的农产品，不一定是有品牌的农产品；我们国家现在不缺优质的农产品，缺的是有品牌的农产品。"十年树木，百年树人"，品牌价值的形成是一个长期而复杂的过程，每一个品牌都有一个成长的过程，"一夜成名天下知"也需建立在良好品质的基础上。有品质、有品牌，没有信誉和诚信，成就不出大品牌。讲好"三品"共树的故事，会让我们的农业品牌的内涵更加丰富、更加完整，体系更加完善。

三、讲好"三体"共赢的故事

"三体"，就是政府、企业、农民三个主体，农业品牌形象内涵要体现"三体"共赢的理念。

政府是服务者、主导者，是农产品区域公用品牌的打造者、背书者。政府一方面要参与品牌建设，特别是区域公用品牌建设，另一方面还履行着推介农业品牌的"职能"。2016年，20位省部长在中国国际农产品交易会上登台推介各地的农产品区域公用品牌，讲述中国农业品牌故事，联合为我国品牌农产品代言；2017年农交会，农业部举办了"家乡的味道·我为品牌农产品代言"大型公益活动，来自全国各地的26位知名人士、30名农民齐聚现场，推介家乡农产品区域公用品牌。在这个活动上，还发布了"2017年中国百强农产品区域公用品牌"。无论是省部长联合推介，还是组织各界名人代言，评选、发布百强品牌，组织产销对接活动，都彰显了政府转变工作方式、发挥服务职能，唱响品牌、造福百姓的创举，体现了服务农民群众的执政理念。

企业，是企业品牌、产品品牌的具体塑造者，是市场的开拓者。近年来，企业主体通过在地、在店、在展、在媒、在线等形式，在品牌塑造和营销上探索了一系列的创新做法，使大米、苹果、茶叶、水产品等种类的一系列优秀的农业品牌从幕后走上前台，不仅扩大了这些品牌的影响力，促进了品牌农产品的销售，而且有力地推动了农业品牌的知名度，提升了品牌价值。

农民，是农产品的直接生产者。这三个主体，职责不同，但目标一致，是农业品牌的利益共同体。政府要的是政策效益，推动农业供给侧结构性改革取得成效，农产品区域公用品牌建设是一个衡量指标；企业要的不仅是利益，更要使自己的企业品牌在市场中赢得口碑；农民要的是收益，从品牌建设的价值链中赢得更多的收入。应通过讲好"三体"共赢的故事，促进农业品牌在塑造过程中的全域协同、利益共享，实现农产品区域公用品牌战略实施中各相关主体的共商、共建、共享、共赢。

四、讲好"三境"共治的故事

"三境"，就是自然环境、人文环境、舆论环境，农业品牌形象内涵要体现"三境"共治的理念。

从自然环境来讲，一流的自然生态、独特的资源环境，必然会为农业生产的优质化、多样化、特色化提供得天独厚的环境优势，孕育出生态绿色、特色优质的农产品；优异的农业资源禀赋，自然也会生产出品类繁多的农产品。但我们在生产过程中，必须秉承开发与保护同等重要的理念。要知道，在生态资源和环境资源受到破坏的同时，我们多年来费心打造的农业品牌也一定会担负"连带责任"，我们的品牌价值也会大打折扣。所以，在利用生态资源和环境资源的同时，要注重讲好我们保护生态资源的政策举措的故事，让我们的农产品在蓝天白云和一方净土的环境中孕育和生长，那我们的农业品牌也就会永续发展。

从人文环境来讲，深厚的历史文化底蕴，自然会为我们农业品牌的塑造打上深深的文化烙印，让我们的农业品牌更具深厚的文化积淀和高端的文化品位，得以传承和发展。但我们在从历史文化中汲取营养的过程中，也要注重对这些宝贵的历史文化遗产进行整合和保护。

从舆论环境来讲，成就一个农业品牌需要很长时间的正确努力、探索、创新和积累；而往往只需要一个负向因素或者一个偶然因素，就可能让其之前所有的努力功亏一篑、前功尽弃。在塑造品牌的过程中，需遵循消费者体验规律。金杯银杯不如老百姓的口碑。著名广告人大卫·奥格威认为，"广告是自己说自己好，公关是让别人说你好"。在互联网时代，"让别人说你好"有了更好的传播途径，公关造势、口碑传播成为更有力的品牌传播方式。同时，需高度重视危机应对，在品牌面临危机时，要积极回应社会关切，不要奉行"鸵鸟政策"，装聋作哑，最终陷入"塔西佗陷阱"。这是农业品牌塑造中必须要充分重视的一个问题，没有良好的舆论环境，或者说没有科学的舆论支撑是不行的；在品牌规划中不考虑舆论引导的问题，这个规划就是不完整的。在农业品牌塑造过程中，应强化对舆论环境重要性的认识，要建立舆情与危机应对和处置机制。

综上，我们要通过农业品牌建设，引领对生态环境的治理、对人文环境的整合、对舆论环境的营造。没有优良的自然环境，品牌必然缺少品质的底色；没有深厚的人文环境，品牌必然缺少文化的底蕴；没有良好的舆论环境，品牌必然缺少成长的沃土。

吴　芳：标准化助力农业品牌高质量发展

　　品种培优、品质提升、品牌打造和标准化生产是深入推进农业结构调整、稳步推进农业现代化的重要举措。标准化在推动我国农业现代化的进程中已经发挥了重要的作用，如何在农业品牌建设领域继续发挥标准化的作用已经成为一个全新的命题。

一、标准化是品牌农业发展的根本途径

　　标准化作为品牌农业发展的根本途径，运用"统一、简化、协调、优选"原则，把先进的生产技术和成熟的管理经验研制成为各类标准，并通过标准的制定和实施，对农业全产业链各个环节进行标准化生产和管理，进而将先进的科学技术和经验转化为生产力，以达到农业生产安全、优质、高产、高效的目标。在此基础上，农业标准也成为向消费者传递产品信息以及生产经营者信誉的独特品牌标记，有助于建立品牌竞争优势。

　　标准化也是发达国家数十年来发展现代品牌农业的重要手段。例如，美国的《农业营销法》中规定了与水果、蔬菜、畜、禽等农产品相关的400多项标准，主要涉及农产品生产、分类分级和检验方法；日本建立了日本农林标准制度（JAS制度），该制度涉及农产品生产作业标准和最终农产品质量安全、质量标识、质量分级标准等方面；法国农业建立了"原产地命名控制"认证体系（即AOC认证标志），在农产品生产的地理环境、种养技术和经营管理方面设置标准，经过认证的农产品都产生了独特的竞争优势并被消费者长期认同。

二、标准化助力农业品牌建设的主要路径

近年来，我国农业标准化建设取得显著成效，为农业品牌建设奠定了坚实技术基础。为进一步发挥标准化作用，助力农业品牌建设，可以从以下五方面着力开展相关工作：

（一）做好品牌建设顶层设计，构建农业品牌标准体系

农业品牌建设是一项涉及全产业链条各个环节的系统工程，应当立足农业发展宏观调控，构建农业品牌建设标准体系。要厘清农业品牌建设的关键技术环节，包括品牌策划、品牌定位、品牌传播等，从基础标准、产品标准、方法标准、管理标准等多个角度，综合考虑国家标准、行业标准、地方标准、团体标准等多种标准供给形式，结合农业不同领域品牌建设需求迫切程度，制定农业品牌标准梯次推进规划。

（二）提高品牌建设意识，研制农业品牌基础标准

过去以小农经济为主要模式的传统农业，其分散性、封闭性和自足性制约了现代农业品牌建设的发展，大多数农户都不具备品牌管理的意识和理念。因此，应当首先从农业品牌基础标准入手，结合农业品牌建设的独特之处，对农业品牌的术语定义、价值要素、建设要求等通用基础内容进行标准化、规范化。通过对标准的制定和实施，用标准语言强化农业品牌建设领域的总体意识，让农业品牌建设者能够一看就懂、一学就会、一用就有效。

（三）落实品牌建设主体，导入农业品牌管理标准

品牌管理需要以一定组织为单位，通过实施计划、组织、领导、协调、控制等一系列专业的管理活动来实现品牌建设目标。农业品牌区别于工业、服务业等其他领域的品牌，具有其自身的生产、经营特点，因此应当制定符合农业生产经营特点的农业品牌管理标准。与此同时，应当明确各类农业经营主体是品牌建设的责任主体，也解决了谁来执行品

牌管理标准的问题。要培育扶持一批具有较强市场开拓能力、生产加工能力和组织管理能力的龙头企业、农民专业合作社和家庭农场作为品牌建设主体，对其进行品牌管理标准培训，提高其品牌管理专业能力。

（四）发挥品牌示范作用，建立农业品牌评价标准

品牌不同于产品，只有具备了一定的质量水准以及市场口碑的产品才能称为品牌。因此，应当分行业、分领域制定一批农业品牌评价标准，包括区域公用品牌评价标准、农业企业品牌评价标准、农产品品牌评价标准等。通过评价标准树立农业品牌建设标杆，凸显特色、强化优势，同时用标准规范农业品牌评价行为，杜绝一切乱评比、乱发牌的现象，做到品质高标准、评价严要求，客观公正地对农业品牌建设成效进行评价，由此推动农业生产全产业链条的转型升级。

（五）统筹品牌建设资源，做好农业品牌标准支持

政府应当发挥统筹协调、高效服务的职能，为农业品牌标准化的推广做好支撑。应出台相关扶持政策，加大对农业品牌建设标准制定、实施、宣贯的支持力度，充分调动生产经营者采标、贯标的积极性和主动性。加强科研投入，开展农业品牌建设理论研究，这也是农业品牌标准建设的重要技术支持。统筹协调龙头企业、农业合作社、专业学协会、科研院所、政府部门等多方资源，建立农业品牌建设标准化长效工作机制，发挥各自力量积极贡献农业品牌标准化建设，助力农业品牌建设稳步推进。

附 录
Appendix

中国农业品牌大事记
（2020年3月—2021年4月）

2020年5月10日，国家发展改革委、农业农村部等部门联合主办云上2020年中国品牌日，举办了云上中国自主品牌博览会和云上中国品牌发展国际论坛。

2020年5月21日，农业农村部、浙江省人民政府、联合国粮农组织共同主办的首个"国际茶日"活动在杭州启动，现场发布了"国际茶日"标志、第三期"中国茶产业杭州指数"和浙江十大茶旅精品线路。

2020年5月29日，中国优质农产品服务开发协会主办第九届品牌农业发展国际研讨会，与会专家学者围绕促进农业产业国际交流与合作、推动各国农业品牌与国际市场接轨、拓宽农产品进出口通道等主题深入交流研讨，为进一步增强品牌农业的发展动力、扩大农业产业的国际合作空间提供了平台。

2020年7月24日，农业农村部市场与信息化司指导中国农业大学举办2020年中国农业品牌政策研讨会，期间成立中国农业品牌专家工作委员会，首次发布《中国农业品牌发展报告（2020）》。

2020年9月5日，中国畜牧业协会在长沙举办第十八届（2020）中国畜牧业博览会，以养殖企业为核心，在展区规划、重点展示、配套会议、展会服务、互联网应用等多方面进行创新，为企业提供更多精准的品牌传播渠道。

2020年9月9日，全国供销合作总社指导，中国果品流通协会、广东省农业农村厅、广东省扶贫办公室联合主办2020第六届中国果业品牌大会，开展产销对接，助力扶贫攻坚，推动果业供应链优化、流通渠道创新、品牌创建营销、金融服务等方面的交流与合作。

2020年9月14日，中国与欧盟正式签署了《中华人民共和国政府与欧洲联盟地理标志保护与合作协定》，协定包括十四条和七个附录，纳入双方共550个地理标志（各275个），涉及酒类、茶叶、农产品、食品等。

2020年9月17—19日，农业农村部市场与信息化司指导，中国农村杂志社、中国农产品市场协会、山东省农业农村厅、青岛市人民政府共同主办的农产品区域公用品牌热销暨中国品牌农产品展销庆丰收活动在青岛举办，旨在促进农产品产销两旺，推进我国农业品牌建设事业，助力全面建成小康社会。

2020年9月22日，中国农垦经济发展中心制定《中国农垦标识管理办法（试行）》及相关实施细则，树立中国农垦品牌公共形象，完善品牌管理体系。

2020年10月19日，国家粮食和物资储备局科学研究院、国家粮食和物资储备局粮食交易协调中心与中央广播电视总台共同举办中国好粮油省级区域公用品牌联合推介会，发布"中国好粮油"区域公用品牌，十二省粮食和物资储备局主要负责人集中为本省区域公用品牌代言。

2020年11月23—25日，中国水产流通与加工协会和厦门市海洋发展局联合主办的2020中国水产品大会在厦门举行，会上有61个品牌入选"2020中国农业品牌公共服务平台水产品推荐品牌"和"2020影响力成长品牌"，推广了优秀水产品品牌的经验和做法，带动了水产品品牌高质量发展。

2020年11月27—30日，农业农村部和重庆市人民政府共同主办的第十八届中国国际农产品交易会上，首次将农业企业品牌作为推介重点，以"小康之年话丰收 感恩奋进立新功"为主题举办全国农业企业品牌推介专场活动，由12个行业协会分别发布粮食、畜牧、水产、蔬果等12个品类的118个企业品牌。

2020年12月16日，国务院新闻办举办产业扶贫进展成效新闻发布会，重点介绍了在"三区三州"扶贫地区的品牌扶贫效果，以及着力打造的凉山花椒、怒江草果、临夏牛羊、南疆林果、藏区青稞牦牛等一批享誉全国的特色农业品牌。

2020年12月16日，中共中央、国务院印发《关于实现巩固拓展脱贫攻坚成果同乡村振兴有效衔接的意见》，提出支持脱贫地区乡村特色产业发展壮大，支持脱贫地区培育绿色食品、有机农产品、地理标志农产品，打造区域公用品牌。

2021年3月18日，农业农村部办公厅印发《农业生产"三品一标"提升行动实施方案》，决定实施农业生产"三品一标"提升行动，推进品种培优、品质提升、品牌打造和标准化生产，引领农业绿色发展，提升农业质量效益和竞争力。

图书在版编目（CIP）数据

中国农业品牌发展报告 . 2021 ／ 农业农村部市场与
信息化司，中国农业大学主编 . —北京：中国农业出版
社，2021.5
ISBN 978-7-109-28162-2

Ⅰ . ①中… Ⅱ . ①农…②中… Ⅲ . ①农产品-品牌
战略-研究报告-中国-2021 Ⅳ . ①F323.7

中国版本图书馆CIP数据核字（2021）第069216号

中国农业品牌发展报告（2021）
ZHONGGUO NONGYE PINPAI FAZHAN BAOGAO (2021)

中国农业出版社出版
地址：北京市朝阳区麦子店街18号楼
邮编：100125
出版策划：刘爱芳
责任编辑：王庆宁 吕 睿 王 珍
版式设计：关晓迪 责任校对：吴丽婷 责任印制：王 宏
印刷：北京通州皇家印刷厂
版次：2021年5月第1版
印次：2021年5月北京第1次印刷
发行：新华书店北京发行所
开本：889mm×1194mm 1/16
印张：7
字数：200千字
定价：88.00元